OBAMA

BILDER EINER ÄRA

PETE SOUZA

VORWORT VON BARACK OBAMA

PRESTEL
MÜNCHEN • LONDON • NEW YORK

VORWORT

VON BARACK OBAMA

Im Laufe meiner acht Jahre im Weißen Haus habe ich wahrscheinlich mehr Zeit mit Pete Souza verbracht als mit irgendjemandem sonst – meine Familie ausgenommen.

Von Momenten, in denen Amerika triumphiert hat, bis hin zu furchtbaren Tragödien, die wir durchlitten haben, von Treffen mit den Staatsoberhäuptern dieser Welt bis hin zu stillen Stunden der Einkehr im sonnendurchfluteten Oval Office: Der pflichtbewusste Pete war stets vor Ort und hat jeden dieser Momente, wie wichtig oder unwichtig er auch schien, für die Nachwelt festgehalten. Und ob Sie es glauben oder nicht: Ich habe es nicht immer mitbekommen. Denn Pete hat nicht nur ein hervorragendes Auge, sondern ist auch ganz großartig darin, sich unsichtbar zu machen. Ich glaube, was Pete zu einem so guten Fotografen macht, ist viel mehr als nur sein Talent, interessante Momente einzufangen. Es ist seine Fähigkeit, die Stimmung, die Atmosphäre und die Bedeutung eines Moments festzuhalten. Und bei all diesen einzigartigen und oft sogar historischen Bildern hat er sich selbst nie hineingedrängt in die Geschichten, die diese Bilder erzählen.

Die Fotos von Pete Souza sind eine Chronik von acht Jahren amerikanischer Geschichte. Seine Arbeit und die seines Teams sind ein Geschenk für künftige Generationen, für die Forschung genauso wie für die ganz normalen Bürger. Seine Bilder sind Artefakte, die wir in Ehren halten und für die wir dankbar sein sollten.

Ich persönlich bin Pete aber noch für etwas ganz anderes dankbar: Im Laufe dieser acht Jahre war Pete viel mehr als mein Fotograf – er wurde mein Freund, mein Vertrauter, mein Kumpel. An langen Tagen haben wir uns oft gegenseitig Geschichten erzählt, und wir haben viel gelacht. Auf langen Flügen haben wir uns die Zeit mit Kartenspielen vertrieben, und er war kein einfacher Gegner. Er und Patti gehören für mich im Grunde schon zur Familie – deshalb haben wir ihre Hochzeitsfeier auch im Rosengarten des Weißen Hauses ausgerichtet.

Pete hat mein Leben wirklich bereichert. Und wenn es ein Geschenk gibt, für das ich ihm noch dankbarer bin als für seine Freundschaft, dann sind es die vielen Fotos, die er von meiner Familie geschossen hat. Wertvolle Momente von Malia und Sasha, die so schnell groß geworden sind. Herausragende Bilder von Michelle, die diesem Land als First Lady so wertvolle Dienste geleistet hat. Schnappschüsse unserer Hunde Bo und Sunny, wie sie auf dem Südrasen des Weißen Hauses herumtollen oder zum ersten Mal Schnee sehen. Vor allem aber die Millionen Gesichter, die den stolzen, vielfältigen, optimistischen, großherzigen Charakter Amerikas ausmachen – Gesichter in der Menge, die ich mir immer wieder gerne ansehe und bei denen ich froh bin, dass Petes begabte Fotografenaugen sie zuerst gesehen haben.

Ich hoffe, dass Ihnen und Ihrer Familie Petes Fotos genauso sehr gefallen wie mir.

18. Februar 2009

Senator Barack Obama auf dem Capitol Hill. *5. Januar 2005*

EINFÜHRUNG

Der Mann saß in einem fensterlosen Kellerbüro am Schreibtisch. Ich war ganz allein mit dem neuen US-Senator für Illinois. Es war der 5. Januar 2005.

Er hatte einen Fuß auf der Schreibtischplatte abgelegt. Ein regierungseigener Computer war achtlos auf dem Boden abgestellt. Über mir flackerten Leuchtstoffröhren. Auf dem Schreibtisch befanden sich nur wenige Gegenstände, darunter ein Notizblock, ein Buch (*Master of the Senate: The Years of Lyndon Johnson*) und ein Mousepad. Der Senator war in ein Dokument vertieft und nahm keine Notiz von mir.

Klick. Ich machte einen schönen Schnappschuss von dieser Szene, wie jeder Fotojournalist es getan hätte. Dazu benutzte ich eine ganz leise Kamera. Schließlich wollte ich ihn nicht stören. Klick. Ich hielt inne. Noch einmal: klick. Ich wartete auf eine Reaktion, eine Geste, irgendetwas. Aber er blickte nicht einmal auf. Also schoss ich noch ein paar Fotos und verließ den Raum. Ich hatte alles, was ich brauchte.

Ich hatte Barack Obama erst am Tag zuvor kennengelernt, als der 43-Jährige als Senator vereidigt worden war. Der Anlass wurde mit viel Brimborium gefeiert. Er hatte seine elegante Ehefrau und seine zwei kleinen Töchter im Schlepptau. Ich sah sofort, wie viel die beiden Mädchen ihm bedeuteten und wie wichtig es ihm war, dass sie sich wohlfühlten. Ich sah, wie er sich vor dem Kapitol zur damals sechsjährigen Malia hinunterbeugte, die einen kleinen Tanz für ihn aufgeführt hatte. Und wie sie und die dreijährige Sasha ihm später im Kapitol Küsse aufdrückten, während er ein Sandwich aß. Dabei verhielt er sich die ganze Zeit über so, als bemerkte er den Fotografen gar nicht, der ständig an seiner Seite war.

Was für ein Glück ich hatte, dass ich damals gerade als Washington-Fotograf für die *Chicago Tribune* tätig war, die wichtigste Zeitung der Wahlheimat des jungen Senators. Es war der erste Tag, an dem ich sein erstes Jahr im US-Senat zu dokumentieren begann. Jeff Zeleny, der politische Reporter der *Chicago Tribune*, und ich bereiteten bereits eine Reihe großer Artikel vor, die zeigen sollten, wie sich der Neuling in Washington einlebte und was er dort alles tat. Mein Plan war, so viel Zeit mit ihm zu verbringen, wie mir zwischen meinen anderen Aufträgen blieb.

Nach nur 24 Stunden schoss mir ein verrückter Gedanke durch den Kopf. Der Senator kam aus keiner berühmten Familie und keinem Politiker-Clan. Sein Vater stammte aus Kenia, seine Mutter aus Kansas. Sein Name war Barack Hussein Obama. Aber er hatte eine natürliche Begabung. »Kann es sein«, fragte ich mich, »dass ich hier den zukünftigen Präsidenten der Vereinigten Staaten vor mir habe?« Ich stellte mir das Foto, das ich von ihm an seinem alten Schreibtisch im düsteren Büro aufgenommen hatte, neben einem anderen Foto vor – einem, auf dem er hinter dem Resolute Desk im Oval Office sitzt.

So begann meine berufliche Beziehung zu Barack Obama. Ich begleitete ihn während seines ersten Jahres im Senat auf Schritt und Tritt. Wir lernten einander immer besser kennen und verstanden beide nach und nach, wie der andere arbeitete.

2005 begleitete ich ihn auf einer Delegationsreise nach Russland, in die Ukraine und nach Aserbaidschan. Ich erinnere mich noch genau, wie ich ihn fotografierte, als er unerkannt über den Roten Platz spazierte – nur für den Fall, dass sich eine solche Szene später, wenn er bekannter wäre, nicht mehr wiederholen ließ. Im Jahr 2006 dokumentierte ich unter anderem eine Reise mit seiner Familie nach Kenia, die Heimat seines Vaters. Ich staunte, wie viele Tausend Menschen sich versammelt hatten, um einen Blick auf einen relativ unbekannten US-Senator zu erhaschen.

2007 begleitete ich mit meiner Kamera den Start seiner Präsidentschaftskampagne. In jenem Sommer kündigte ich bei der *Chicago Tribune* und wurde Dozent für Fotojournalismus an der University of Ohio. Dennoch fuhr ich fort, den Senator zu fotografieren, und veröffentlichte meine Bilder in dem Buch *The Rise of Barack Obama*. Eines Sonntagabends Anfang Januar 2009 erhielt ich einen Anruf seines neuen Pressesprechers, Robert Gibbs, der mir anbot, Cheffotograf des Weißen Hauses zu werden. Ich erinnere mich noch, wie ich ihm sagte, dass ich, wenn ich diesen Job übernehmen sollte, ungehinderten Zugang bräuchte – zu allem. Den wichtigen Geschichten, den Momenten, in denen Entscheidungen getroffen würden, selbst wenn sie streng vertraulich wären. Er sagte: »Das entscheidet natürlich der gewählte Präsident.« Das war alles, was ich hören wollte.

Theoretisch besteht die Aufgabe des Cheffotografen des Weißen Hauses darin, das Leben des Präsidenten für die Nachwelt visuell zu dokumentieren. Aber was und wie viel man fotografiert, entscheidet allein der Fotograf oder die Fotografin.

Ich wusste also, worauf ich mich einließ – glaubte ich zumindest. Mit Ende 20 hatte ich während der Regierungszeit von Ronald Reagan bereits als offizieller Junior Photographer im Weißen Haus gearbeitet. Mein großes Vorbild war Yoichi Okamoto, der Cheffotograf von Präsident Lyndon B. Johnson. Vor ihm hatten die Cheffotografen der Präsidenten lediglich hier und da bei offiziellen Veranstaltungen und Zeremonien ein paar Schnappschüsse gemacht. Nicht so Okamoto: Er schien einfach alles fotografiert zu haben, was Johnson getan hatte.

Vom ersten Tag an, dem 20. Januar 2009, war ich wild entschlossen, Okamotos Vorbild zu folgen. Das klingt ganz einfach. Doch sobald ein Präsident das Oval Office betritt, kann sich alles ändern.

Aber ich hatte eine Idee, wie es für uns beide funktionieren könnte. Ich würde dem Präsidenten und seinem Umfeld genau erklären, warum ich jeden Tag bei jedem Meeting anwesend sein musste: Schließlich war es meine Aufgabe, ganz reale Momente für die Nachwelt festzuhalten. Das Auf und Ab, die Struktur jedes einzelnen Tages, Dinge, von denen wir erst hinterher wissen würden, wie wichtig sie waren. Wie es in Lin-Manuel Mirandas Musical *Hamilton* so schön heißt: »Man muss mit im Raum sein, wo es passiert.« Wenn man dort nicht ist, hält man überhaupt keinen Moment fest, geschweige denn einen historischen.

Meine Aufgabe bestand darin, Beobachter zu sein, nicht Teilnehmer. Klingt einfach, oder? Aber es war verdammt schwer. Physisch und psychisch. Es ist Job für jemanden mit ein wenig Erfahrung und viel jugendlicher Energie. Ideal für jemanden Mitte 30, vielleicht Anfang 40. Als ich anfing, war ich 54 Jahre alt.

Ich glaube, es war der Politiker Andy Card, der während der Amtszeit von Ronald Reagan oder George Bush sagte, im Weißen Haus zu arbeiten sei, wie zu versuchen, einen Schluck Wasser aus einem Feuerwehrschlauch zu nehmen, der nie abgeschaltet wird. Das ist ein guter Vergleich. Immer wenn du glaubst, du könntest kurz verschnaufen, passiert etwas, das dir klarmacht: Du dokumentierst das Leben des Präsidenten für die Geschichtsbücher. Du musst immer verfügbar sein, hast nie Urlaub, darfst nie krank sein und dein Blackberry vibriert rund um die Uhr.

Präsident Obama und ich haben viel Zeit miteinander verbracht – zehn bis zwölf Stunden pro Tag, fünf Tage die Woche (manchmal auch sechs oder sieben). Ich habe ihn mit der Kamera überallhin begleitet, jedes Meeting, an dem er teilnahm, fotografiert. Ich war mit im Oval Office, im Situation Room, im Roosevelt Room. Ich habe fast zweieinhalb Millionen Kilometer an Bord der Air Force One zurückgelegt. Ich war in allen 50 Bundesstaaten und in über 60 Ländern dieser Erde. Und ich habe im Laufe der acht Jahre fast zwei Millionen Fotos geschossen.

Irgendwann in dieser Zeit sind wir Freunde geworden. Wenn man einen so großen Teil seines Lebens miteinander verbringt, ist das kaum zu vermeiden. Auf unseren langen Flügen nach Übersee spielten wir unzählige Male zusammen Karten. Er nannte mich Pete und später, als er von meiner Herkunft erfuhr, auch den Azoreaner. Ich nannte ihn Mister President und öfter noch POTUS. Er machte sich über mein Alter lustig, über meine Geheimratsecken und über die Reptilien, die ich zu Hause halte. Und ich bekam mit, was ihn freute, was ihn mitnahm, wurmte und beruhigte. Ob ich ihm bei all diesem Miteinander jemals auf die Nerven gegangen bin? Mit Sicherheit. Ist er mir auf die Nerven gegangen? Irgendwann lernt man, solche Fragen zu verneinen.

Ich denke oft an den Januar 2005 zurück, an das Kellerbüro und seinen zweiten Tag als US-Senator. Seitdem hat sich so viel verändert. Nicht aber der Charakter dieses Mannes. Tief im Innern ist er sich treu geblieben. Immer sagt er seinen Töchtern: »Seid freundlich und hilfsbereit.« Allein das verrät eine ganze Menge über ihn. Als Mann. Als Vater. Als Ehemann. Und auch als Präsident der Vereinigten Staaten.

Die Bilder in diesem Buch stehen stellvertretend für die zahllosen Momente, die ich während der Amtszeit von Präsident Obama festgehalten habe, die großen und die kleinen. Momente der Freude und der Krise. Momente, in denen er lachen musste. Momente, in denen ich meine eigenen Tränen hinter dem Sucher versteckte. Intime Momente mit der Familie. Symbolische und historische Momente.

Ich hatte acht Jahre lang das außerordentliche Privileg, immer mit dabei zu sein und den Alltag von Präsident Obama für die Nachwelt visuell zu dokumentieren. Dieses Buch ist das Ergebnis meiner Bemühungen. Ich habe alles gegeben. Ich hoffe, dass die Fotografien, begleitet von meinen Kommentaren, den Charakter dieses Mannes und das Wesen seiner Präsidentschaft zeigen – so, wie ich ihn mit meinen Augen gesehen und mit meinem Herzen gefühlt habe.

Präsident Barack Obama im Oval Office. *9. November 2012*

ERSTE AMTSZEIT

I

DER TAG DER AMTSEINFÜHRUNG

EINZUG INS WEISSE HAUS

SCHWIERIGE ENTSCHEIDUNGEN IN DER WIRTSCHAFTSKRISE

BEIM TANZEN ZU EARTH, WIND & FIRE

HILFE FÜR DIE AUTOMOBILBRANCHE

BESUCHE IN PRAG UND IM IRAK

»WIE FÜHLT SICH IHR HAAR AN?«

Wenige Momente vor der Amtseinführung. *20. Januar 2009*

Präsident und First Lady in einem Lastenaufzug auf dem Weg zum Ball anlässlich seiner Amtseinführung.
Es war so kühl, dass er ihr seine Anzugjacke über die Schultern legte. *20. Januar 2009, 23 Uhr*

Nach der Amtseinführung im Aufzug zur Privatwohnung
im Weißen Haus. *21. Januar 2009, 2 Uhr*

Im Situation Room findet innerhalb von drei Tagen bereits das zweite Treffen mit seinem Team für nationale Sicherheit statt. *23. Januar 2009*

GEGENÜBER: Sieben Stunden, nachdem er sich von der Party verabschiedet hat, sitzt Barack Obama zum ersten Mal als Präsident der Vereinigten Staaten am Resolute Desk im Oval Office. *21. Januar 2009, 9:02 Uhr*

Die größte Herausforderung im ersten Jahr seiner Präsidentschaft war die Wirtschaftskrise. Im Roosevelt Room, direkt gegenüber vom Oval Office, wurden dazu zahlreiche Meetings abgehalten. Ich versuchte, die Gefühle des Präsidenten zu erfassen, während er über die schlimmste Finanzkrise seit 1929 nachdachte. *29. Januar 2009*

Am Telefon mit dem irakischen Ministerpräsidenten Nuri al-Maliki.
2. Februar 2009

GEGENÜBER: Im Heimkino der Familie läuft während des 43. Super-Bowl-Finales zwischen den Pittsburgh Steelers und den Arizona Cardinals ein 3D-Werbespot.
1. Februar 2009

Das Sofa muss wieder an seinen alten Platz: im Oval Office mit dem (hier nicht allzu hilfreichen) Gouverneur von Vermont, Jim Douglas. *2. Februar 2009*

Sasha (links) und Malia nehmen das neue Büro
ihres Vaters unter die Lupe. *2. Februar 2009*

Der American Recovery and Reinvestment Act, das Konjunkturprogramm des Präsidenten. Dieses Bild stellte ich an Bord der Air Force One auf dem Rückweg von Denver nach, wo das Gesetz zuvor unterzeichnet worden war. *17. Februar 2009*

GEGENÜBER: Beim Tanz mit der First Lady auf dem Governors Ball im Ostsaal. Die Musik kam von der Kultband Earth, Wind & Fire, die direkt hinter mir spielte, und der Präsident sang mit. *22. Februar 2009*

Die erste Rede vor dem gesamten Kongress. *24. Februar 2009*

Bei einer samstäglichen Runde Basketball in der Sporthalle des Innenministeriums. *28. Februar 2009*

GEGENÜBER: Der Präsident erzählte mir einmal, dass er im Säulengang, der die Privatwohnung mit dem Westflügel des Weißen Hauses verbindet, besonders gut nachdenken könne. *26. Februar 2009*

Im Säulengang mit den Töchtern, die gerade von der Schule heimkommen.
5. März 2009

Ein Meeting mit seinem Wirtschaftsteam am Sonntagabend, bevor er die Chefs von General Motors und Chrysler anruft, um ihnen mitzuteilen, dass ihre Unternehmen praktisch verstaatlicht werden. So unpopulär diese Entscheidung damals war, sie hat die US-Autoindustrie gerettet. *29. März 2009*

Mit der First Lady auf der Prager Burg. *5. April 2009*

Ein Bad in der Menge nach seiner Rede auf dem
Hradschiner Platz in Prag. *5. April 2009*

An Bord der Air Force One koordiniert Secret-Service-Agent Joe Clancy vom Führungsstab (rechts) die Sicherheitsvorkehrungen für einen außerplanmäßigen Besuch im Irak. *7. April 2009*

GEGENÜBER: Vor US-Truppen in Camp Victory, Bagdad. *7. April 2009*

Die stellvertretende Stabschefin Mona Sutphen scherzt mit Chefberater David Axelrod.
Der Stab ist zusammengekommen, um den Geburtstag von Chefberater Pete Rouse zu feiern.
15. April 2009

Spätabends im Oval Office.
23. April 2009

»WIE FÜHLT SICH IHR HAAR AN?«

In meinen Zuständigkeitsbereich als Cheffotograf des Weißen Hauses fielen auch die obligatorischen Abschiedsfotos, Familienfotos, die aufgenommen wurden, wenn ein Mitarbeiter oder eine Mitarbeiterin das Weiße Haus verließ. Der Präsident lud ihn oder sie samt Familie ins Oval Office ein, wo sie vor dem Resolute Desk für ein Foto posieren durften. Für mich war das Routine, bei der ich nicht viel nachdenken musste. Doch auch wenn diese Bilder für mich als Fotograf nicht viel bedeuteten, war mir klar, dass die Familien, die ich fotografierte, das ganz anders sahen, zumal sich der Präsident nach der Aufnahme oft noch mit den Angehörigen unterhielt. So auch, als Carlton Philadelphia vom nationalen Sicherheitsstab das Weiße Haus verließ, um eine andere Stelle anzutreten. Nachdem ich sie gemeinsam mit dem Präsidenten fotografiert hatte, sagten Carltons Söhne, sie hätten jeder noch eine Frage. Die Frage des fünfjährigen Jacob war ganz einfach: Er wollte wissen, ob sich das Haar des Präsidenten genauso anfühle wie seines. »Finde es selbst heraus«, antwortete der Präsident. Er beugte sich vor, und Jacob betastete prüfend den Kopf des Präsidenten. Alles ging so schnell, dass ich nur einmal auslösen konnte.

Von der Komposition her ist das Foto nicht gerade ideal, doch immerhin gelang es mir, diesen Augenblick festzuhalten. Als ich das Foto später in der Vergrößerung sah, wusste ich: Das war ein ganz besonderes Bild. Doch bis wir es im Westflügel aufhängten, war mir nicht klar, welche Reaktionen es hervorrufen würde. Die Mitarbeiter im Weißen Haus liebten dieses Foto. Eigentlich hängten wir alle paar Wochen neue Bilder auf, doch dieses hier blieb drei Jahre lang an Ort und Stelle, bis es schließlich im Jahr 2012 der Reporterin Jackie Calmes von der *New York Times* auffiel. Sie sprach mit Philadelphia und seiner Familie, verfasste einen ergreifenden Artikel und machte die Öffentlichkeit auf das Foto aufmerksam. Zu Beginn von Obamas zweiter Amtszeit nahm ich es ab, doch noch in derselben Woche kamen unabhängig voneinander mehrere Stabsangehörige vom Weißen Haus auf mich zu und baten mich, es wieder aufzuhängen. Sie sagten, immer wenn sie Freunde oder Verwandte durch den Westflügel führten, sei dieses Foto mit der dazugehörigen Geschichte die wichtigste Station. Ich hängte es also wieder an die Wand im Westflügel, wo es bis zum letzten Tag von Obamas Amtszeit blieb. *8. Mai 2009*

2

BESUCH BEI DEN PYRAMIDEN

SASHA SCHLEICHT SICH AN

VOM ALLTAG DER REDENSCHREIBER

UNERWARTETE EHRE: DER FRIEDENSNOBELPREIS

KRIEG IN AFGHANISTAN

ARBEIT UND FREIZEIT AUF HAWAII

An Bord des Hubschraubers Marine One auf dem Weg zu einer
Rede vor Absolventen der Naval Academy. *22. Mai 2009*

Mit hochrangigen Beratern an einem warmen Frühlingstag bei einem Meeting, das vom Oval Office in den Rosengarten verlegt worden ist. *20. Mai 2009*

Im Aufzug zur Privatwohnung begegnet er zufällig Sasha, die gerade von der Schule heimgekommen ist. *19. Mai 2009*

Im Inneren der Cheopspyramide bei Kairo. *4. Juni 2009*

Beim Besuch der Sphinx und der Cheopspyramide. Im Rahmen seiner ersten Reise in ein überwiegend muslimisches Land hielt der Präsident an der Universität von Kairo eine Rede mit dem Titel »Ein neuer Anfang«. *4. Juni 2009*

Beim Herumalbern mit Sasha während eines Abendessens mit der Familie
auf dem Dachgarten des Ritz-Carlton Hotels in Moskau. *7. Juli 2009*

Die erste Begegnung mit Wladimir Putin, damals russischer Ministerpräsident, in dessen Datscha in der Nähe von Moskau.
8. Juli 2009

Mit der Familie am Flughafen von Accra, Ghana. *11. Juli 2009*

GEGENÜBER: Nach seiner Abschiedsrede in Accra
winkt er der Menge zu. *11. Juli 2009*

Sasha im Oval Office. *5. August 2009*

Während eines Familienausflugs zum
Grand Canyon in Arizona. *16. August 2009*

THE NORTH FACE

Begrüßung von Sonia Sotomayor, der neuen Richterin am Obersten Gerichtshof der USA, vor dem Festakt anlässlich ihrer Amtseinführung. *8. September 2009*

Beim Erörtern politischer Themen mit Phil Schiliro, seinem Leiter für legislative Angelegenheiten. Links albert Pressesprecher Robert Gibbs herum mit Reggie Love, dem persönlichen Assistenten des Präsidenten.
1. September 2009

Mit Jon Favreau beim Überarbeiten
einer Rede zum Gesundheitswesen.
9. September 2009

But those who knew him and worked with him here – people of both parties – know the truth
We know that his passion was born not of some rigid ideology, but of his own experience. It
was the experience of having two children stricken with cancer, the sheer terror and helplessness
that any parent feels when a child is sick; and his ability to imagine what it must be like for those
without insurance; what it would be like to have to say to a wife or a child or an aging parent –
there is something that could make you better, but I can't afford it.
That large-heartedness – that compassion – is not a partisan feeling. It is not a Republican or a
Democratic feeling.
For that too is part of the character of this country. Our ability to stand in other people's shoes.
recognition that we are all in this together; that when fortune turns against one of us, others are
there to lend a helping hand, and that hard work and responsibility to family and community
Thank you, God B

In New York beim Zwei-Mann-Basketball mit seinem persönlichen Assistenten Reggie Love ein paar Stunden nach einer Ansprache vor der Generalversammlung der Vereinten Nationen. Er war so stolz darauf, wie er diesen Wurf geblockt hatte, dass er Love einen Abzug des Fotos signieren ließ. Der schrieb darauf: »Herr Präsident, gut abgewehrt – Reggie Love«.
23. September 2009

GEGENÜBER: Am gleichen Abend um 22 Uhr mit dem Stabschef des Nationalen Sicherheitsrats Denis McDonough im Hotel Waldorf-Astoria in New York.
23. September 2009

WHCA NST: 306-0090 or 212-371-8070
OA Help Desk: 202-395-7370

Detailaufnahme vom Resolute Desk im Oval Office, wo der Präsident die morgendlichen Formalitäten erledigte. *5. Oktober 2009*

GEGENÜBER: Das Personal der Privatwohnung gratuliert Obama nach der Verleihung des Friedensnobelpreises. *9. Oktober 2009*

An Bord der Air Force One auf dem Weg zum Gipfeltreffen des Verbands Südostasiatischer Nationen (ASEAN) in Singapur. Robert Gibbs zeigt auf seinem Laptop Fotos der farbenfrohen Batikhemden, die frühere Präsidenten bei dieser Veranstaltung getragen haben. *14. November 2009*

Besuch des restaurierten Abschnitts der Chinesischen Mauer bei Badaling
auf seiner ersten Chinareise als Präsident. *18. November 2009*

Nach einem Staatsbankett für den indischen Premierminister Manmohan Singh auf dem Südrasen des Weißen Hauses. *24. November 2009*

Während einer Rede vor Kadetten in West Point verkündet der Präsident seine Entscheidung, 30 000 weitere US-Soldaten nach Afghanistan zu schicken. Viele der Anwesenden nahmen später an dem Einsatz teil. *1. Dezember 2009*

Im Eisenhower Executive Office Building beim Fistbump mit Larry Lipscomb, einem Mitarbeiter der General Services Administration, nach einer Konferenz über Wirtschaftswachstum und Arbeitsplätze. *3. Dezember 2009*

Der Präsident ist ohne Einladung in ein Treffen zum Klimawandel geplatzt, das China in Kopenhagen veranstaltet. *18. Dezember 2009*

Beim Golfspielen auf dem Luana Hills Golf Course während seines Weihnachtsurlaubs mit der Familie in Kailua, Hawaii. Zwar ist sein Lieblingssport Basketball, doch bei einer Runde Golf konnte der Präsident fast genauso gut abschalten und dem Stress seines Amtes für ein paar Stunden entfliehen. Da ständig Secret-Service- und Militärpersonal um ihn herum war, habe ich ihn in den ganzen acht Jahren kein zweites Mal so sehr für sich auf dem Golfplatz gesehen wie hier.
28. Dezember 2009

Mit Malia während des Urlaubs in Kailua. Der Präsident wartete darauf, dass Denis McDonough ihn mit seinem Team für nationale Sicherheit verbinden würde, um neueste Informationen über einen abgewendeten Terrorakt zu erhalten. Ein Mann hatte sich Plastiksprengstoff in die Unterwäsche eingenäht und dann erfolglos versucht, ein Flugzeug in die Luft zu jagen, das am Weihnachtsmorgen von Amsterdam nach Detroit geflogen war. *29. Dezember 2009*

GEGENÜBER: Beim Bodysurfen am Pyramid Rock Beach in Kaneohe Bay, Hawaii. Auf dem nächsten Bild, das ich von dieser Szene schoss, war der Präsident in der Brandung verschwunden. Als ich es einem Agenten vom Secret Service zeigte, lachte der: »Meine Aufgabe ist, ihn vor anderen zu schützen, nicht vor sich selbst.« *1. Januar 2010*

3

DER KAMPF UM DIE GESUNDHEITSREFORM

EIN TAG IM SCHNEE

DER KONGRESS VERABSCHIEDET DEN AFFORDABLE CARE ACT

FEIER AUF DEM TRUMAN-BALKON

ZWEI BEGEGNUNGEN MIT EINEM ARMY RANGER

Schneller Blick auf das Blackberry während des morgendlichen
Spaziergangs zum Oval Office. *18. März 2010*

Wendepunkt für die Gesundheitsreform: Der Präsident und sein Team besprechen ihre Strategie am Tag, nachdem der Republikaner Scott Brown unerwartet zum Senator für Massachusetts gewählt wurde. Die Wahl fand nach dem Tod von Senator Edward M. Kennedy außerplanmäßig statt. *20. Januar 2010*

GEGENÜBER: Mit Gesundheitsministerin Kathleen Sebelius und Mitarbeiterin Nancy-Ann DeParle während eines Treffens mit Senatoren der Demokratischen Partei. *20. Januar 2010*

DER KAMPF UM DIE GESUNDHEITSREFORM

Die Gesundheitsreform war mehr als ein Wahlversprechen. Sie war das innenpolitische Thema, bei dem die meisten Menschen auf Veränderung hofften. Viele seiner Berater warnten, nicht zu früh auf eine Reform zu drängen, doch für den Präsidenten war es an der Zeit, für alle zu kämpfen, die sich keine Krankenversicherung leisten konnten. Er vernahm ihre Stimmen in den Rathäusern des Landes und in den Briefen, die aus den täglich Tausenden von Zuschriften an das Weiße Haus ausgewählt wurden und die er jeden Abend las.

Der Prozess zur Verabschiedung des Affordable Care Act begann zwar schon 2009, aber in den ersten drei Monaten des Jahres 2010 spitzten sich die Auseinandersetzungen zu. Täglich gab es Meetings und Telefonate. Der Fernsehsender C-SPAN übertrug live eine ganztägige Debatte. Der House Republican Caucus hatte den Präsidenten zu einer Befragung eingeladen, doch das ging nach hinten los, als es dem Präsidenten gelang, sogar die Wähler der Republikaner von seiner Reform zu überzeugen. Er warb im Kongress um jede einzelne Stimme. Sein Motto lautete: Wir müssen tun, was richtig ist. »Was soll ich für Sie tun?«, fragte er am Telefon einen Demokraten, der noch schwankte. »Soll ich Ihr Auto waschen? Dann komme ich und wasche Ihr Auto.«

Selbst ein heftiger Schneesturm, der die Regierung tagelang lahmlegte, machte ihn lediglich ein paar Stunden handlungsunfähig. Während dieser Zeit spielte er mit Sasha und Malia im Schnee. Am nächsten Tag war er wieder im Büro. Am Tag danach ebenfalls. Bis zum 21. März, als das Repräsentantenhaus dem Gesetz endlich zustimmte.

An jenem Abend schaute der Präsident sich mit allen Mitarbeitern im Roosevelt Room die historische Abstimmung im Fernsehen an. Bevor er nach der Feier im Oval Office seine Glückwunschanrufe entgegennahm, war ich einen Moment lang mit ihm allein. »Schlimme Tage sind nie so schlimm, wie sie scheinen«, sagte er ganz ruhig, »und gute Tage nie so gut, wie sie scheinen.« Ich antwortete: »Ja, aber heute ist schon ein ziemlich guter Tag.« Er lächelte und wiederholte meine Worte: »Heute ist ein ziemlich guter Tag.«

Ich wusste, dass ihm die Verabschiedung der Gesundheitsreform mehr bedeutete, als dass er zum Präsidenten gewählt worden war. Er hatte etwas geleistet, das dem ganzen Land zugute kam. (Fotos bis Seite 85)

Mit dem republikanischen Abgeordneten Mike Pence aus Indiana am Ende einer stundenlangen Fragerunde, die live auf C-SPAN übertragen wurde. *29. Januar 2010*

GEGENÜBER: Vor einer Rede zur Gesundheitsreform empfängt der Kongress den Präsidenten im Plenarsaal. *27. Januar 2010*

Mit Sasha und Malia, als ein heftiger Schneesturm den Kampf um die Gesundheitsreform kurzzeitig lahmlegte. *6. Februar 2010*

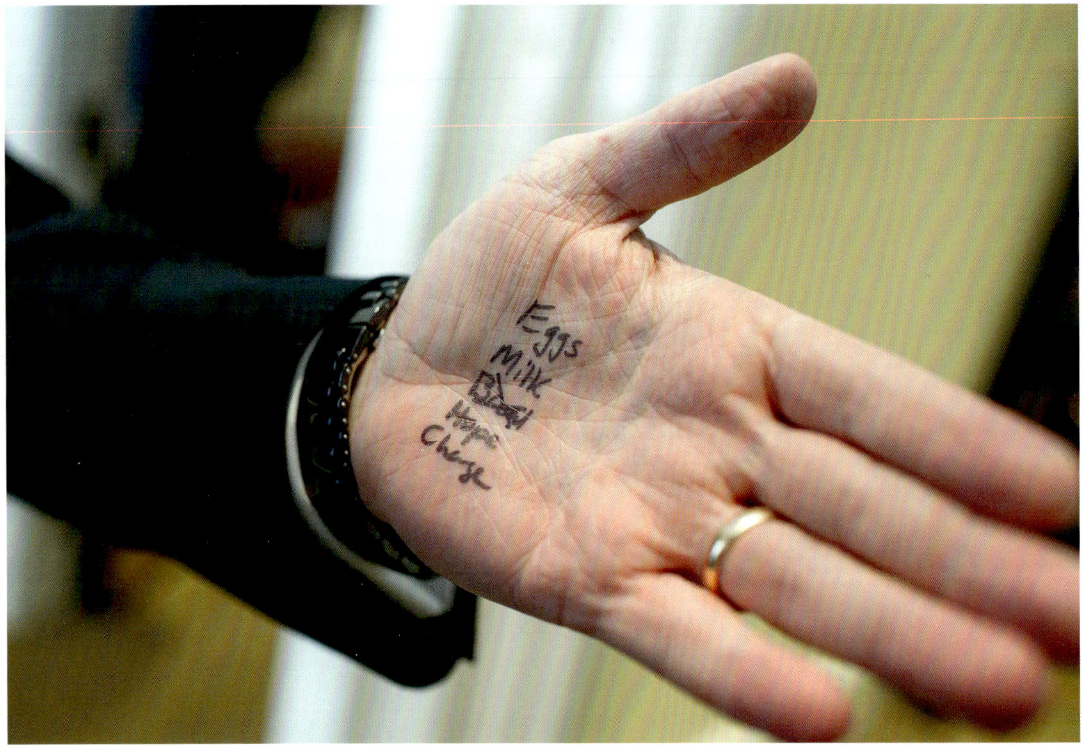

OBEN: To-do-Liste von Pressesprecher Robert Gibbs. *9. Februar 2010*

UNTEN: Im Blair House mit dem Abgeordneten Paul Ryan aus Wisconsin nach einer ganztägigen Debatte über das US-Gesundheitswesen *25. Februar 2010*

GEGENÜBER: Mit Redenschreiber Jon Favreau in dessen Büro im Untergeschoss des Westflügels. *3. März 2010*

OBEN: Der Präsident umwirbt einen demokratischen Kongressabgeordneten, damit er für die Reform stimmt.
19. März 2010

UNTEN: Im Büro des Stabschefs wenige Stunden vor der Abstimmung im Repräsentantenhaus.
21. März 2010

GEGENÜBER: Im Roosevelt Room: Das Fernsehen überträgt, wie der Kongress den Affordable Care Act verabschiedet.
21. März 2010

Im Aufzug zur Privatwohnung des Präsidenten mit Phil Schiliro und dem Vizepräsidenten Joe Biden nach der erfolgreichen Abstimmung über die Gesundheitsreform. *21. März 2010*

GEGENÜBER: Auf dem Truman-Balkon stößt der Präsident mit seinen Mitarbeitern auf die Gesundheitsreform an. *21. März 2010*

6. Juni 2009

ZWEI BEGEGNUNGEN MIT EINEM ARMY RANGER

Während seiner Amtszeit besuchte Präsident Obama im Walter-Reed-Militärkrankenhaus regelmäßig verwundete Angehörige der US-Streitkräfte. Der zehnte Patient, den er am 28. Februar 2010 besuchte, war Cory Remsburg. Er hatte sich in Afghanistan bei einer Explosion eine schwere Hirnverletzung zugezogen.

Bevor der Präsident das Krankenzimmer betrat, teilte man ihm mit, dass er Remsburg bereits im Jahr zuvor in der Normandie begegnet war. Ich konnte mich an diese Begegnung nicht erinnern. Cory Remsburg kam mir nicht bekannt vor.

Als der Präsident ihm eine Gedenkmünze überreichte, war nicht klar, ob Remsburg alles verstand. Dann bat die Familie des Soldaten den Präsidenten, ein Foto zu signieren, auf dem er Cory Remsburg die Hand schüttelt. Ich war geschockt, als ich das Foto sah, das ich am 6. Juni 2009 aufgenommen hatte.

Auf einmal erinnerte ich mich an diesen Tag in Frankreich. Von der Pariser US-Botschaft waren wir nach Caen geflogen, hatten einen Staatsbesuch bei Präsident Nicolas Sarkozy absolviert und anschließend in der Normandie den 65. Jahrestag des D-Day gefeiert.

Zurück in Paris hatte die Familie Obama an einer Führung durch die Kathedrale Notre-Dame teilgenommen. Der Präsident und die First Lady hatten an jenem Tag Hunderte Hände geschüttelt, in der Normandie auch die einer Abordnung von Army Rangers. Dort hatte der Präsident Cory Remsburg getroffen.

»Gott segne Sie«, begann der Text, den der Präsident auf das Foto schrieb.

Ich konnte den Kontrast zwischen den beiden Cory Remsburgs kaum ertragen – 2009 als gesunder und selbstbewusster junger Mann mit dem Präsidenten und jetzt, kaum ein Jahr später, schwer verletzt und teilweise gelähmt vor mir im Bett, mit mehreren Dutzend Stichen auf der rechten Seite seines Schädels.

Als wir das Krankenhaus verließen, zitterte ich noch immer. Ich hatte während unserer Besuche im Walter-Reed-Krankenhaus viele verwundete Soldaten gesehen. Manche hatten schwere Kopf- oder Augenverletzungen erlitten. Andere einen Arm oder ein Bein verloren. Aber dass ich einen dieser Patienten bereits zuvor fotografiert hatte, war noch nie vorgekommen. Cory Remsburg war der Erste, und ich fragte mich, ob er jemals wieder der Alte sein würde.

28. Februar 2010

4

EINE GEHEIME REISE NACH AFGHANISTAN

DIE BP-ÖLKATASTROPHE

EIN BEATLE SINGT *MICHELLE* FÜR MICHELLE

UNERWARTETES ÜBERGEWICHT IN TEXAS

Vor einem National Prayer Breakfast mit Geistlichen
im Blauen Zimmer des Weißen Hauses. *6. April 2010*

Mit dem afghanischen Präsidenten Hamid Karzai im Präsidentenpalast in Kabul. Der unangekündigte Besuch wurde geheim gehalten und fand spätabends statt. *28. März 2010*

GEGENÜBER: Kurz vor Mitternacht auf dem Flug von Kabul zurück zum Bagram Airfield. Aus Sicherheitsgründen war der Helikopter verdunkelt. *28. März 2010*

Mit Janet Napolitano, der Ministerin für innere Sicherheit, neun Tage nach dem Untergang der Bohrplattform Deepwater Horizon von BP, der zur größten Ölkatastrophe in der US-Geschichte führte. Mehrere Millionen Barrel Öl gelangten in den Golf von Mexiko. *29. April 2010*

GEGENÜBER: Mit Beamten der Staats- und Bundesbehörden in Venice, Louisiana, während der Ölkatastrophe. *2. Mai 2010*

ALLEN

Der Präsident unterhält sich während der BP-Ölkatastrophe mit Malia.
4. Mai 2010

Der Präsident trifft sich mit Mitgliedern seines Kabinetts, um bei dem Bemühen, das weitere Auslaufen des Öls zu stoppen, die nächsten Schritte zu besprechen. *14. Mai 2010*

Bo besteigt die Air Force One, als es übers Wochenende nach Chicago geht. *27. Mai 2010*

GEGENÜBER: In einem Parkhaus in San Francisco nimmt sich der Präsident eine kurze Auszeit, um zu telefonieren. *25. Mai 2010*

MICHELLE, MA BELLE

In einer Zeremonie im Ostsaal wurde Paul McCartney mit dem Library of Congress Gershwin Prize for Popular Song ausgezeichnet. An jenem Abend brachten viele andere Künstler seine Songs zu Gehör, doch zum Schluss bestieg McCartney selbst die Bühne, um ein paar seiner Klassiker zu spielen. Dann sang er speziell für Michelle Obama den Beatles-Song *Michelle*. Mir war gar nicht klar, was das für ein besonderer Moment war, bis ich mich am Tag darauf mit dem Präsidenten unterhielt. Wer hätte je geglaubt, fragte er mich, dass eine Afroamerikanerin aus der South Side von Chicago eines Tages als First Lady der Vereinigten Staaten im Weißen Haus in der ersten Reihe sitzen würde, während ein Beatle ihren Namen singt? »Wow«, dachte ich bei mir. Einfach nur: »Wow!« *2. Juni 2010*

Der Präsident nach einer schwierigen Entscheidung – wenige Momente, nachdem er den Rücktritt von General Stanley McChrystal, dem Kommandanten der US-Streitkräfte in Afghanistan, akzeptiert hat. McChrystal hatte sich in einem Artikel im *Rolling Stone* zu wenig schmeichelhaften Kommentaren über den Vizepräsidenten und andere Regierungsbeamte hinreißen lassen. *23. Juni 2010*

Mit Sasha an seinem 49. Geburtstag. *4. August 2010*

GEGENÜBER: Während des Gangs durch die Umkleidekabine der Volleyball-Abteilung an der University of Texas in Austin stellt der Präsident seinen Fuß auf die Waage seines nichts ahnenden persönlichen Beraters und Reiseleiters Marvin Nicholson. Aus Sicherheitsgründen wurden wir in öffentlichen Gebäuden oft durch abgesperrte Bereiche geführt. *9. August 2010*

Mit der First Lady an Bord eines Bootes auf einer Promotiontour für den Tourismus an der Golfküste nach der BP-Ölkatastrophe. *15. August 2010*

GEGENÜBER: Urlaub auf Martha's Vineyard, Massachusetts. *28. August 2010*

5

EINE VERREGNETE NACHT IN WESTCHESTER

DIE FIRST LADY TANZT IN INDIEN

GEDENKFEIER FÜR DIE OPFER VON WAFFENGEWALT

DER ARABISCHE FRÜHLING

ALS TRAINER DER VIPERS

DER TOD VON OSAMA BIN LADEN

Ein stilles Gebet im Oval Office, wenige Augenblicke, bevor er der Nation verkündet, dass er den US-Kampfeinsatz im Irak beendet. *31. August 2010*

Bevor der Präsident am Westchester County Airport,
New York, den Helikopter Marine One besteigt,
wartet er im Auto auf Reggie Love (mit Regenschirm).
16. September 2010

Auf einer Diwali-Feier im indischen Mumbai schaut der Präsident der First Lady beim Tanzen zu. *7. November 2010*

In Gesellschaft seiner japanischen Gastgeber genießt der Präsident am großen Buddha von Kamakura ein Eis am Stiel, Geschmacksrichtung Grüner Tee. Später erzählte er mir, dass er in seiner Kindheit diese Buddhastatue bereits einmal besucht hatte. Er erinnerte sich, dass er damals das gleiche Eis gegessen hatte. *14. November 2010*

Telefonat mit dem südkoreanischen Staatschef Lee Myung-bak um 23 Uhr im sogenannten Vertragszimmer der Privatwohnung des Präsidenten. Die nordkoreanische Artillerie hatte gerade die südkoreanische Insel Yeonpyeong angegriffen.
23. November 2010

Nach einer geheimen nächtlichen Reise nach Afghanistan begrüßt der Präsident US-Soldaten auf dem Bagram Airfield. *3. Dezember 2010*

Trost für Mavy Stoddard während eines Gottesdienstes für die 19 Menschen, auf die vier Tage zuvor bei einem Attentat auf die Abgeordnete Gabrielle Giffords in Tuscon, Arizona, geschossen worden war. Sechs Menschen starben, darunter auch Mavys Ehemann Dorwan, der ihr das Leben rettete, als er sich auf sie warf. Die Demokratin Giffords wurde in den Kopf geschossen und schwer verletzt.
12. Januar 2011

Der Präsident und sein Team für nationale Sicherheit verfolgen im Fernsehen, wie der ägyptische Staatschef Husni Mubarak eine Erklärung abgibt, nachdem tagelang protestierende Bürger seine sofortige Absetzung gefordert haben. *1. Februar 2011*

GEGENÜBER: Später am selben Abend am Telefon mit Präsident Mubarak. Wenige Tage darauf drängte Präsident Obama ihn zum Rücktritt. *1. Februar 2011*

5

Auf der Trainerbank während eines Spiels von Sashas Basketballteam, den Sidwell Friends Vipers. Weil die beiden Trainer des Teams nicht kommen konnten, sprangen der Präsident und Reggie Love kurzerhand ein.
5. Februar 2011

GEGENÜBER: Anweisungen von Coach Obama während eines Time-outs. *5. Februar 2011*

Militärischer Gruß an
die Phoenix Ravens,
die für den Schutz
der Air Force One
zuständig sind.
10. Februar 2011

GEGENÜBER: Volles
Engagement am Telefon.
1. Februar 2011

Bei einem Aufenthalt in Brasilien genehmigt der Präsident eine zeitlich begrenzte Militäraktion in Libyen zur Unterstützung der internationalen Bemühungen, die libysche Zivilbevölkerung zu schützen. *19. März 2011*

GEGENÜBER: Fistbump mit einem jungen Brasilianer in der Cidade de Deus, einer Favela in Rio de Janeiro. *20. März 2011*

Besuch des Cristo Redentor auf dem über Rio de Janeiro aufragenden Corcovado. Eigentlich sollte sich die Familie Obama die Statue vor dem Abendessen ansehen, aber als dichter Nebel aufkam, musste der Besuch verschoben werden. Als nach dem Dinner der Nebel fort war, hieß es, wir könnten aufbrechen. Aber einige meinten, es sei schon so spät und man solle den Ausflug abblasen. Doch irgendwer merkte an, so eine Chance bekämen sie vielleicht nie wieder. Also fuhren wir los. Als wir ankamen, war der Himmel ganz klar, und dann zog, wie von Zauberhand, der dichte Nebel plötzlich erneut auf. *20. März 2011*

Mit dem Sprecher des Repräsentantenhauses, John Boehner aus Ohio, im Flur zwischen dem Oval Office und dem privaten Speisesaal. Das Foto entstand im Anschluss an ein Treffen mit den führenden Mitgliedern des Kongresses zum Bundeshaushalt. *6. April 2011*

An einem Samstag im Situation Room während einer Diskussion zu den aktuellen Ereignissen in Libyen. Am Montag darauf wandte sich der Präsident an die Nation und stellte klar, dass sich die USA im Konflikt nur begrenzt engagieren würden.
26. März 2011

Im Gespräch mit dem Vizepräsidenten. *8. April 2011*

DER TOD VON OSAMA BIN LADEN

Ende April 2011 bat mich eine Stabsmitarbeiterin von John Brennan, dem Berater für innere Sicherheit, um Bereithaltung, da es in den kommenden Tagen ein paar wichtige Entwicklungen geben würde. Details verriet sie nicht.

Das Wochenende näherte sich, und der Präsident absolvierte sein ganz normales Programm. Am Samstagabend besuchte er das traditionelle White House Correspondents' Dinner und am Sonntag, dem 1. Mai, fuhr er auf den Golfplatz. Doch statt der 18 Löcher, die er sonst immer spielte, blieb es diesmal bei neun. Der Pressedienst spekulierte: »Golfspiel abgebrochen wegen kalten Wetters und Regens.«

Zurück im Weißen Haus begab sich der Präsident sofort in den Situation Room. Er zog sich nicht einmal um. Die Direktoren des Nationalen Sicherheitsrats saßen bereits um einen langen Tisch herum. Der nationale Sicherheitsberater Tom Donilon eröffnete das Treffen um 14:06 Uhr, und die Anwesenden begannen sofort, über einen anstehenden Sondereinsatz zu debattieren: Osama bin Laden sollte festgenommen oder getötet werden.

Es war das erste Mal, dass ich davon hörte. Es gelang mir, ruhig zu bleiben, während mein Adrenalinspiegel stieg: Wir waren kurz davor, bin Laden zu schnappen! Der Terroranschlag vom 11. September 2001 war das Pearl Harbor meiner Generation, und der Drahtzieher, Osama bin Laden, war immer noch nicht gefasst. Seinetwegen hatten wir in Afghanistan einen Krieg begonnen. Indirekt hatte die Bush-Regierung wegen 9/11 den Krieg im Irak vom Zaun gebrochen. Und jetzt, fast zehn Jahre später, diskutierten der Präsident und sein nationales Sicherheitsteam über die letzten Details seiner Ergreifung. Um 14:29 Uhr verließ der Präsident das Treffen, während in Afghanistan zwei Hubschrauber starteten, um nach Pakistan zu fliegen, wo der Auslandsgeheimdienst bin Ladens Versteck vermutete.

Ich folgte dem Präsidenten nach oben ins Oval Office. »Wissen Sie«, sagte er und wandte sich mir zu, »bald könnte da drüben der Teufel los sein.«

Seine Entscheidung war in vielerlei Hinsicht riskant. Sollte die Navy-SEALs-Mission schiefgehen, stünde das Leben zahlreicher Amerikaner auf dem Spiel. Die ganze Aktion würde als kolossaler Fehlschlag gewertet und seine Präsidentschaft gefährden. Mir war klar, dass die Bilder, die ich an diesem Tag machen würde – ganz egal, wie gut sie wären –, ein wichtiger Teil unserer nationalen Geschichte werden würden.

Um 15:27 Uhr kehrte der Präsident zu seinem Team für nationale Sicherheit in den Situation Room zurück. Aber er setzte sich nicht. In einem kleinen Konferenzraum gegenüber waren die Kommunikationseinrichtungen installiert, die den Situation Room mit den Agenten in Pakistan verbanden. Am Tisch in dem kleineren Raum saß Brad Webb, der stellvertretende Kommandierende General des United States Joint Special Operations Command, der die Special-OPS-Kommunikationsverbindung nach Washington betreute. Als der Präsident den Raum betrat, wollte General Webb seinen Stuhl an der Stirnseite des Tischs für ihn räumen, aber der Präsident nahm sich einen anderen Stuhl und setzte sich neben ihn.

Während sich alle in dem kleinen Raum versammelten, musste ich mich schnell entscheiden, auf welcher Seite des Tisches ich mich platzieren wollte. Es war mittlerweile so voll im Raum, dass ich mich nicht mehr frei würde bewegen können. Ich entschied mich für die linke Seite und zog mich, so weit ich konnte, in die Ecke zurück. Den Hintern gegen einen Laserdrucker gepresst, stand ich direkt neben dem Bildschirm, auf dem alle anderen die Bilder aus Pakistan sahen.

Um 16:05 Uhr schoss ich das 210. Foto des Tages – jenes Bild, das als Situation-Room-Foto bekannt werden sollte. Alle Anwesenden fixierten den Bildschirm. Der Präsident beugte sich in seinem Stuhl vor und beobachtete genau, was passierte. Die Stimmung war extrem angespannt. Sobald der Präsident die endgültige Entscheidung getroffen hatte, mit dem Überraschungsangriff zu beginnen, konnte weder er noch jemand anderes im Raum mehr beeinflussen, was weiter geschehen würde.

Wenige Minuten später kam eine Audiomeldung herein: »Geronimo KIA.« Geronimo war der Codename für bin Laden, und KIA bedeutete ›killed in action‹ – beim Angriff getötet. Doch die Anspannung wuchs weiter, während die Anwesenden darauf warteten, dass die Hubschrauber mit bin Ladens Leichnam wieder starteten. Wie wir heute wissen, war einer der Helikopter zuvor beim Landen abgestürzt.

Endlich hob der Hubschrauber ab, und um 16:13 Uhr stand der Präsident auf und schüttelte General Webb und einigen anderen die Hände. Niemand jubelte. Die Reaktion auf diesen historischen Moment war seltsam gedämpft.

Später sagte der Präsident, er sei in seinem ganzen Leben noch nie so angespannt gewesen wie in jenen 40 Minuten.

Mic ON

Meetings am Tag und in der Nacht, vor und nach dem Sondereinsatz | *1. Mai 2011, 14:05 bis 23:16 Uh*

Der Präsident verkündet den Tod Osama bin Ladens. *1. Mai 2011, 23:42 Uhr*

Vier Tage später bei einem Lunch mit Feuerwehrleuten in New York City. Die Feuerwache Engine 54, Ladder 4, Battalion 9, die den Spitznamen »Pride of Midtown« trägt, hatte am 11. September 2001 15 Feuerwehrwehrleute – eine ganze Einheit – verloren, so viele wie keine andere Feuerwache. *5. Mai 2011*

6

EIN TOAST AUF KÖNIGIN ELIZABETH II.

ZERSTÖRUNGEN DURCH EINEN F5-TORNADO

EIN BABYFLÜSTERER IST GEBOREN

WASSERPISTOLENGEFECHT IN CAMP DAVID

AM RANDE DER ZAHLUNGSUNFÄHIGKEIT

Nach einem Treffen mit Benjamin Netanjahu im Oval Office gibt der Präsident dem israelischen Ministerpräsidenten, während er ihn zum Wagen begleitet, noch ein paar Worte mit auf den Weg. *20. Juni 2011*

Mit Dorfbewohnern auf der Hauptstraße von Moneygall, Irland. *23. Mai 2011*

GEGENÜBER: Ein Toast auf Königin Elizabeth II. bei einem Abendessen ihr zu Ehren im Winfield House in London. *25. Mai 2011*

Der Präsident mit Hugh Hills, 85, vor dessen Haus in Joplin, Missouri, wenige Tage nachdem ein Tornado von der Stärke F5 die Stadt verwüstet hat. Mehr als 150 Menschen starben und über 1000 wurden verletzt. Während der Tornado das gesamte zweiten Stockwerk und die Hälfte des ersten Stockwerks seines Hauses zerstörte, versteckte Hills sich in einem Schrank. *29. Mai 2011*

LIPE-53

Beim Kongress-Picknick im Weißen Haus wird der Präsident zum offiziellen Babyflüsterer der Familie Obama ernannt. *15. Juni 2011*

GEGENÜBER: In einer Kindertagesstätte in Bethesda, Maryland. Der Präsident besuchte gerade Sashas Schule, wo an jenem Tag die Viertklässler verabschiedet wurden, als er die Kleinkinder am Fenster nebenan bemerkte. *9. Juni 2011*

An Sashas zehntem Geburtstag in Camp David, Maryland. *11. Juni 2011*

Mit dem Vizepräsidenten
im Säulengang. *20. Juni 2011*

Backstage mit Chefberaterin Valerie Jarrett vor einem politischen Event in Philadelphia. *30. Juni 2011*

Der Präsident besteigt den Marine One, um
über das Nationalfeiertags-Wochenende
nach Camp David zu fliegen. *1. Juli 2011*

AM RANDE DER ZAHLUNGSUNFÄHIGKEIT

Als die Republikaner sich im Sommer 2011 weigerten, die nationale Schuldenobergrenze anzuheben, wenn der Präsident nicht bereit sei, über einen Defizitabbau zu verhandeln, eskalierte die Konfrontation zwischen den republikanischen Abgeordneten im Kongress und dem Präsidenten. Durch das Anheben der Schuldenobergrenze sollte sich das US-Finanzministerium Geld für bereits genehmigte Ausgaben leihen können – mit einem Defizitabbau hatte es überhaupt nichts zu tun.

Sollten die USA ihre Schuldenobergrenze verletzen, würde das Finanzministerium seine Gläubiger nicht bezahlen können, was das Land unweigerlich in eine Wirtschaftskrise stürzen würde. Sozialleistungen könnten nicht mehr gezahlt werden. Die globalen Märkte würden in Unruhe geraten.

Noch nie war die US-Regierung zahlungsunfähig gewesen. Es war ein Skandal, dass der Kongress in Betracht zog, dies zu riskieren. In diesem Juli missbrauchten die Republikaner im Kongress die Schuldendecke für eine unverhohlene politische Erpressung. In den folgenden Wochen gab es kaum ein anderes Thema. Der Präsident redete mit den einflussreicheren Abgeordneten. Zugleich bereiteten er und sein Team sich auf den finanziellen Super-GAU vor. So sieht Regieren aus. (Fotos bis Seite 155)

Auseinandersetzung mit Boehner, dem Sprecher des Repräsentantenhauses, während eines Treffens mit führenden Kongressabgeordneten. *13. Juli 2011*

GEGENÜBER: Mit seinem Wirtschaftsteam nach einer Kongresssitzung. *7. Juli 2011*

Mit Nancy Pelosi nach einem Treffen mit den Demokraten im Kongress. *21. Juli 2011*

GEGENÜBER: Während einer Pause bei den Verhandlungen zur Schuldenobergrenze mit dem Vizepräsidenten am Südrasen des Weißen Hauses. *24. Juli 2011*

OBEN: Präsident und Vizepräsident hören Rob Nabors zu, dem Berater des Präsidenten für legislative Angelegenheiten, während das Fristende für den Kreditausfall näherrückt.
30. Juli 2011

UNTEN: Am Telefon beim Versuch, kurz vor Ablauf der Frist mit Repräsentantenhaus-Sprecher Boehner zu diskutieren.
31. Juli 2011

Eine Stunde später, nachdem die Republikaner im Kongress endlich beschlossen haben, keinen Staatsbankrott zu riskieren. *31. Juli 2011*

7

TRAUER AM ZEHNTEN JAHRESTAG VON 9/11

DIE FIRST LADY ALS MAJORETTE

BESUCH BEIM NEUEN MARTIN LUTHER KING, JR. MEMORIAL

SPONTANES STÄNDCHEN VON BONO

WEIHNACHTSSHOPPING MIT BO

DER BUS VON ROSA PARKS

Hinter dem Pferdestall beim Whiteside County Fair in Morrison, Illinois.
Während einer dreitägigen Bustour durch den Mittleren Westen
warb der Präsident für seine Wirtschaftsagenda. *17. August 2011*

Bei einem unangekündigten Besuch in Abschnitt 60 des Arlington National Cemetery in Virgina am Tag vor dem 11. September treffen der Präsident und die First Lady die Witwe eines Soldaten. In Abschnitt 60 werden Militärangehörige beigesetzt, die in Afghanistan oder im Irak ihr Leben verloren haben. *10. September 2011*

Zusammen mit von 9/11 betroffenen Familien, der First Lady, Ex-Präsident George W. Bush und dessen Frau Laura besuchte der Präsident das National September 11 Memorial in New York. Am ehemaligen Standort des World Trade Center gedachten sie des zehnten Jahrestags des Terroranschlags.
11. September 2011

Während eine Marschkapelle spielt, mimt die First Lady eine Majorette.
Sie und ihr Mann warten auf ihren Auftritt bei einem Empfang für die
UN-Generalversammlung in der New York Public Library. *21. September 2011*

Mit der First Lady und den Töchtern beim Besuch des neuen Martin Luther King, Jr. Memorial in Washington D. C. Zwei Tage später sprach der Präsident bei der Einweihung des Denkmals. »Ohne die glorreichen Worte von Dr. King«, sagte er, »hätten wir vielleicht niemals den Mut gefunden, um es so weit zu schaffen.«
14. Oktober 2011

SONG FÜR EINEN STUHL

»Wie cool ist das denn?«, fragte mich der Präsident mit ungläubigem Gesichtsausdruck, als ich diesen Moment festhielt. Er hatte U2-Sänger Bono und Singer-Songwriterin Alicia Keys zum Lunch in sein privates Esszimmer neben dem Oval Office eingeladen. Als Bono den Raum betrat, wollte er wissen, wo er Platz nehmen solle. Der Präsident sagte ihm, er solle sich einfach auf irgendeinen freien Stuhl setzen. Da entdeckte Bono in der Zimmerecke einen Gitarrenkoffer. Er öffnete ihn und fand eine Gitarre, die die Non-Profit-Organisation Rock the Vote dem Präsidenten während des Wahlkampfs überreicht hatte. Im Handumdrehen hatte Bono sie gestimmt und begann, *Norwegian Wood* von den Beatles zu spielen. Warum? Weil es in der zweiten Strophe heißt: »She asked me to stay / And she told me to sit anywhere / So I looked around / And I noticed there wasn't a chair.« *1. Dezember 2011*

Beim traditionellen Footballspiel Army gegen Navy in Landover, Maryland. Während der ersten Halbzeit stand der Präsident bei den Navy Midshipmen, während der zweiten (hier im Bild) bei den Army Black Knights.
10. Dezember 2011

GEGENÜBER: Mit Truppen in Fort Bragg, North Carolina, anlässlich des Rückzugs des US-Militärs aus dem Irak. *14. Dezember 2011*

In der Wagenkolonne beim Weihnachtsshopping. Ich bat den Präsidenten, mit ihm im Auto fahren zu dürfen, um ihn mit Bo zu fotografieren. Als er sagte, unser erster Stopp sei PetSmart in Alexandria, erwähnte ich, dass ich in dem Laden normalerweise meine Grillen kaufe. Als ich erklärte, dass ich damit meine Reptilien füttere, eine Bartagame und einen Blauzungenskink, fing er an zu lachen. Die nächsten fünf Jahre lang zog er mich damit immer wieder auf und fragte: »Wie geht's dem Skink?«

21. Dezember 2011

Im Kartenzimmer des Weißen Hauses probt der Präsident seine Ansprache zur Lage der Nation. *24. Januar 2012*

GEGENÜBER: Am selben Abend umarmt er die Abgeordnete Gabrielle Giffords vor seiner Ansprache im Kapitol. Es war bemerkenswert, sie lächelnd und guter Stimmung zu sehen, war es doch gerade erst ein Jahr her, dass der Attentäter ihr in Arizona in den Kopf geschossen hatte. *24. Januar 2012*

Hier werde ich veralbert, nachdem ich Außenministerin Hillary Clinton dabei fotografierte, wie sie versehentlich all ihre Dokumente hat fallen lassen.
30. Januar 2012

Beim Basketballtraining mit Malia und Sasha. *30. März 2012*

Im Henry Ford Museum in Dearborn, Michigan, steht der berühmte Rosa-Parks-Bus. Der Präsident besuchte das Museum wegen eines politischen Events und begann, zwischen den ausgestellten Fahrzeugen herumzuschlendern. Bevor ich mich versah, war er in den Bus gestiegen. Er schaute nur ein paar Sekunden aus dem Fenster, gerade lang genug, dass ich ein paar Fotos machen konnte.
18. April 2012

SUPERMARKETS

Vor dem Fitnesstraining mit dem britischen Premierminister David Cameron beim G8-Gipfel.
19. Mai 2012

GEGENÜBER: Während des Gipfels empfängt der Präsident europäische Staatschefs in Camp David.
19. Mai 2012

Auf dem Soldier Field in Chicago während einer Pause des NATO-Gipfels, der direkt auf den G8-Gipfel folgte. Für den Präsidenten war es einer der ganz großen Momente seines Lebens, auf dem Spielfeld der Mannschaft seiner Heimatstadt, den Chicago Bears, einen Football zu werfen.
20. Mai 2012

ÉTATS-UNIS
MOTOROLA
MEDIA DECK
MOTOROLA

8

WALDBRÄNDE IN COLORADO

EIN GETEILTER ERDBEERKUCHEN

AUF WAHLKAMPFTOUR

ANGRIFF VON SPIDER-MAN

DIE WIEDERWAHL WIRD GEFEIERT

DER SCHLIMMSTE TAG SEINER PRÄSIDENTSCHAFT

Mit der First Lady am Ufer des Lake Michigan vor der Skyline von Chicago.
15. Juni 2012

E-43
E-43

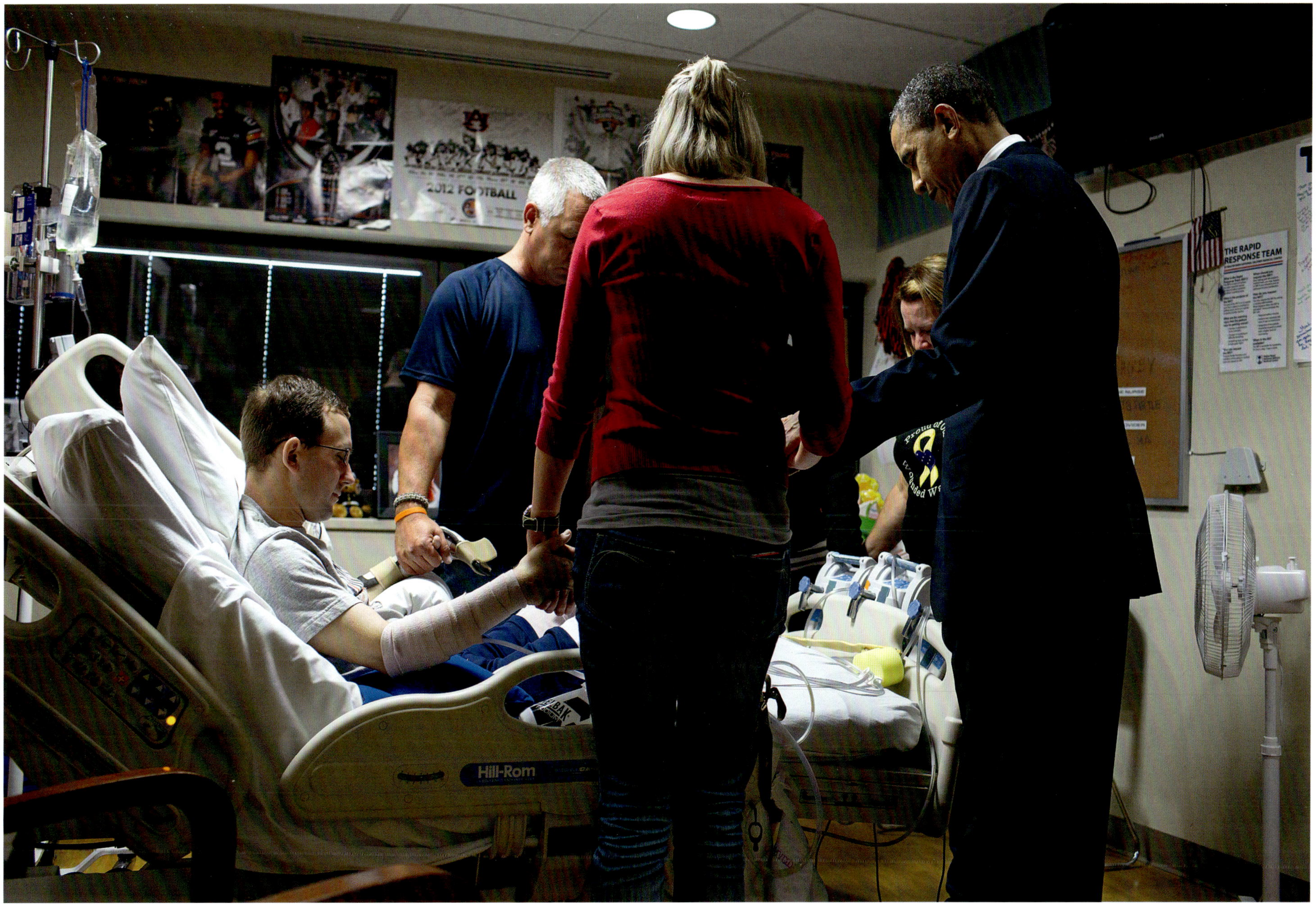

Mit Josh Wetzel, einem Angehörigen einer Spezialeinheit der US Army, und dessen Familie bei einem Gebet im Walter-Reed-Militärkrankenhaus. Wetzel hatte in Afghanistan beide Beine verloren.
28. Juni 2012

GEGENÜBER: Der Präsident sieht sich in Colorado Springs die Waldbrandschäden an. Das Waldo Canyon Fire zerstörte mehr als 340 Häuser, über 32 000 Menschen mussten evakuiert werden.
29. Juni 2012

Ein Kuss für die Kiss Cam: die First Lady und der Präsident während eines Basketballspiels zwischen der US-Olympiamannschaft und Brasilien im Washingtoner Verizon Center. *14. Juli 2012*

Der Präsident teilt sich im Kozy Corners in Oak Harbor, Ohio, mit einem Jungen ein Stück Erdbeerkuchen. Auf seinen Reisen kreuz und quer durchs Land legte der Präsident gern spontane Zwischenstopps ein, um Bürgern zu begegnen. Er nannte das OTRs – Besuche ›off the record‹.
5. Juli 2012

Kabinettssitzung. *26. Juli 2012*

GEGENÜBER: Überraschender Besuch von Malia nach ihrer Rückkehr aus dem Sommercamp. *16. August 2012*

Neueste Informationen über den Anschlag auf das US-amerikanische Konsulat im libyschen Bengasi.
11. September 2012

GEGENÜBER: Heimkehr nach einer Reise nach Wisconsin.
22. September 2012

In Henderson, Nevada, bei der Vorbereitung für die erste Präsidentschaftsdebatte vor der Wahl 2012 mit Ron Klain, dem ehemaligen Assistenten von Vizepräsident Joe Biden, und Senator John Kerry, der hier Mitt Romney spielt. *2. Oktober 2012*

GEGENÜBER: Später am selben Abend beim Entspannen auf einem verlassenen Golfplatz. Bei ihm: Marty Nesbitt, einer seiner engsten Freunde. *2. Oktober 2012*

Mit Stabschef Jack Lew an Bord der Air Force One, einen Monat vor der Wahl. Gerade sind neue positive Zahlen für den Arbeitsmarkt durchgegeben worden. *4. Oktober 2012*

GEGENÜBER: Bei einer Wahlkampfveranstaltung an der University of Wisconsin in Madison. *4. Oktober 2012*

Begegnung mit Bürgern nach einer Wahlkampfveranstaltung in Las Vegas.
12. September 2012 (oben) *und 24. Oktober 2012* (rechts)

NEVADA
OBAMA

ANGRIFF VON SPIDER-MAN

Nicholas Tamarin alias Spider-Man (drei Jahre alt) ging während einer etwas verfrühten Halloweenfeier im Eisenhower Executive Office Building zusammen mit seinem Vater Nate Tamarin, einem Berater im Weißen Haus, auf Trick-or-treat-Tour. Der Sekretär des Präsidenten schickte Nate mit seinem Sohn ins Oval Office. Nachdem er ein paar Minuten mit ihnen geplaudert hatte, wandte sich der Präsident an Nicholas und sagte: »Greif mich noch einmal an!«

Ich bringe es nie fertig, eines meiner Bild als meinen Favoriten zu bezeichnen. Aber als der Präsident ein paar Wochen später einen Abzug des Spider-Man-Fotos im Westflügel hängen sah, sagte er, dies sei sein Lieblingsbild des Jahres. Allerdings hatte er immer spätestens dann ein neues Lieblingsbild, wenn es ein neues Foto von ihm mit Sasha oder Malia gab. *26. Oktober 2012*

Wenige Augenblicke nach der Prognose der großen TV-Sender, dass Obama als Präsident der Vereinigten Staaten wiedergewählt worden sei. *6. November 2012, 23:18 Uhr*

Nachdem der republikanische Präsidentschaftskandidat Mitt Romney das Wahlergebnis anerkannt hat, gratuliert er dem Präsidenten.
7. November 2012, 00:18 Uhr

John Brennan, Berater für innere Sicherheit, hat den Präsidenten gerade vom furchtbaren Amoklauf an der Sandy Hook Elementary School in Kenntnis gesetzt. *14. Dezember 2012*

GEGENÜBER: Später in der Privatwohnung umarmt der Präsident Malia lange. *14. Dezember 2012*

DER SCHLIMMSTE TAG SEINER PRÄSIDENTSCHAFT

Der Dezember war jedermanns Lieblingsmonat. Nach Thanksgiving verwandelte sich das Weiße Haus in einen magischen Ort. Jeder Raum, sogar das Oval Office, wurde mit festlichem Weihnachtsschmuck verschönert. Doch die Meldung, die uns am Morgen des 14. Dezember 2012 erreichte, machte die feierliche Stimmung mit einem Mal zunichte. Über die Fernsehapparate zuckten die Bilder vom Amoklauf an der Sandy Hook Elementary School in Newtown, Connecticut.

Ein paar Stunden später war ich kaum noch in der Lage, auf den Auslöser zu drücken. John Brennan bestätigte dem Präsidenten, dass 20 der 26 Toten sechs und sieben Jahre alte Erstklässler waren. Sichtlich betroffen sank der Präsident auf der Lehne des Sofas im Oval Office in sich zusammen. Ich bin mir sicher, dass er vor allem an die Eltern dachte und sich vorstellte, mit welchen Gefühlen sie die Nachricht aufgenommen hatten, dass ihr Kind von einem Wahnsinnigen erschossen worden war und niemals mehr nach Hause kommen würde. Später sagte er, es sei der schlimmste Tag seiner Präsidentschaft gewesen.

Zwei Tage darauf wollten wir die Gedenkfeier in Newtown besuchen. Der Präsident verpasste dadurch Sashas Tanzaufführung, aber bevor er das Flugzeug nach Connecticut bestieg, konnte er sich immerhin noch die Generalprobe ansehen. Der Zuschauersaal war fast leer. Irgendwann stand ich auf und setzte mich ganz nach vorne, um Sasha beim Tanzen zu fotografieren. Kurz darauf kamen etwa 25 Kinder aus dem Backstagebereich und nahmen um mich herum Platz. Ich hatte einen Kloß im Hals. »Wie alt bist du?«, fragte ich ein Mädchen. »Sechs«, antwortete sie nervös. Ich sah die Kinder an, und mir kamen die Tränen. (Fotos bis Seite 203)

Anteilnahme für
die Familie Wheeler,
deren Sohn Ben beim
Sandy-Hook-Amoklauf
erschossen wurde.
16. Dezember 2012

Vor der Gedenkfeier überarbeitet der Präsident in einem Klassenzimmer der Newtown High School noch einmal seine Rede. Zwei Lehrer hatten auf die Tafel geschrieben: »Lieber Präsident Obama, die Gemeinde Newtown ist Ihnen so dankbar, dass Sie kommen, um uns beizustehen. In solch schweren Zeiten ist es gut zu wissen, dass wir ein starkes Staatsoberhaupt haben, das uns hilft, darüber hinwegzukommen.« Der Präsident schrieb als Antwort darunter: »Wir sind in Gedanken bei Ihnen und schließen Sie ein in unsere Gebete.« *16. Dezember 2012*

9

DAS LICHT VON PETRA

ANSCHLAG AUF DEN BOSTON-MARATHON

VIER LACHENDE PRÄSIDENTEN

EIN WOHLVERDIENTES NICKERCHEN

DIE GEFÄNGNISZELLE VON NELSON MANDELA

DER BÄR IST LOS

Mit den Obamas im Beast auf der Pennsylvania Avenue nach seiner zweiten Amtseinführung. Als ich den Präsidenten bat, in seiner Limousine mitfahren zu dürfen, sagte er, ohne eine Miene zu verziehen: »Eigentlich wollten Michelle und ich rumknutschen.« *21. Januar 2013*

»Wettrennen!«, rief der Präsident an diesem kühlen Nachmittag im Säulengang den Kindern von Denis McDonough zu. Sie waren auf dem Weg zur Zeremonie, bei der ihr Vater zum neuen Stabschef ernannt wurde. *25. Januar 2013*

GEGENÜBER: Besuch der Holocaust-Gedenkstätte Yad Vashem in Jerusalem mit dem israelischen Staatspräsidenten Schimon Peres, Ministerpräsident Benjamin Netanjahu und anderen. *22. März 2013*

Der Marine One trifft außerhalb der antiken
Stadt Petra in Jordanien ein. *23. März 2013*

Der Präsident empfängt im Oval Office die Familie des Militärgeistlichen Emil Kapaun, dem posthum die Medal of Honor verliehen wird. Kapaun hatte im Zweiten Weltkrieg und im Koreakrieg gedient und war in einem Kriegsgefangenenlager gestorben.
11. April 2013

Am Ende fast jeden Tages ging der Präsident mit Stabschef
Denis McDonough am Südrasen des Weißen Hauses spazieren,
um die Tagesereignisse zu besprechen. *9. April 2013*

FINISH LINE OF BOSTON MARATHO
CNN
FOX 25
EXPLOSION NEAR BOSTON
PROMINENT HOTELS, BROWNE SAYS
FOX NEWS
msnbc
INJURIES IN
ON THE PHONE
CHRIS CONDON
GETCO PROFIT FELL BY 90% LAST YEAR
TO $16.2M ON SLUMPING EQUITY VOLUMES

OBEN: Lagebesprechung zum Bombenanschlag mit FBI-Direktor Robert Mueller und anderen Offiziellen. *16. April 2013*

UNTEN: Schweigeminute für die Opfer eine Woche nach dem Anschlag. *22. April 2013*

GEGENÜBER: Zusammen mit Lisa Monaco, Beraterin für innere Sicherheit, sieht sich der Präsident die ersten Fernsehbilder von den Folgen des Anschlags auf den Boston-Marathon an. *15. April 2013*

Mit den Ex-Präsidenten Jimmy Carter, Bill Clinton und George W. Bush vor der Einweihung der Präsidentenbibliothek von George W. Bush mit angeschlossenem Museum in Dallas. *25. April 2013*

Mit Thelma »Maxine« Pippen McNair nach der Unterzeichnung des Gesetzes H.R. 360. Es ermöglichte, die Goldene Ehrenmedaille des Kongresses zu verleihen, um an die vier afroamerikanischen Mädchen zu erinnern, die 1963 bei dem Bombenanschlag auf die 16th Street Baptist Church in Birmingham, Alabama, gestorben waren. Eines der Opfer war Maxine McNairs Tochter Denise. *24. Mai 2013*

Bo wartet auf den Präsidenten.
11. Juni 2013

GEGENÜBER: Mit einem Jungen, der während des Ice Cream Social, dem großen Eisessen am Vatertag, im Bankettsaal des Weißen Hauses eingeschlafen ist. »Pete, das musst du fotografieren!«, rief der Präsident mir zu. Der Junge ließ sich davon nicht stören. *14. Juni 2013*

Mit anderen Staatschefs vor einem Arbeitsessen beim G8-Gipfel in Nordirland. *17. Juni 2013*

GEGENÜBER: Abschied von Berlin. *19. Juni 2013*

SEAL OF THE PRESIDENT OF THE UNITED STATES
GlobeGround

DIE GEFÄNGNISZELLE VON NELSON MANDELA

In der Zelle von Nelson Mandela auf Robben Island vor Kapstadt hörten der Präsident und seine Familie dem Aktivisten Ahmed Kathrada aufmerksam zu, der selbst 18 Jahre auf Robben Island inhaftiert war. Er erzählte ihnen, wie es war, während der Apartheid dort einzusitzen. Mandela war hier 27 Jahre lang eingesperrt, bis die Apartheid endete. Er wurde der erste in freien, demokratischen Wahlen gewählte Präsident von Südafrika. Mandela war einer der großen Helden des Präsidenten, und er durfte ihn kennenlernen, als er noch US-Senator war. Da es Mandela nicht gut ging, konnten die Obamas ihn auf ihrer Südafrikareise nicht besuchen. Er starb fünf Monate später. *30. Juni 2013*

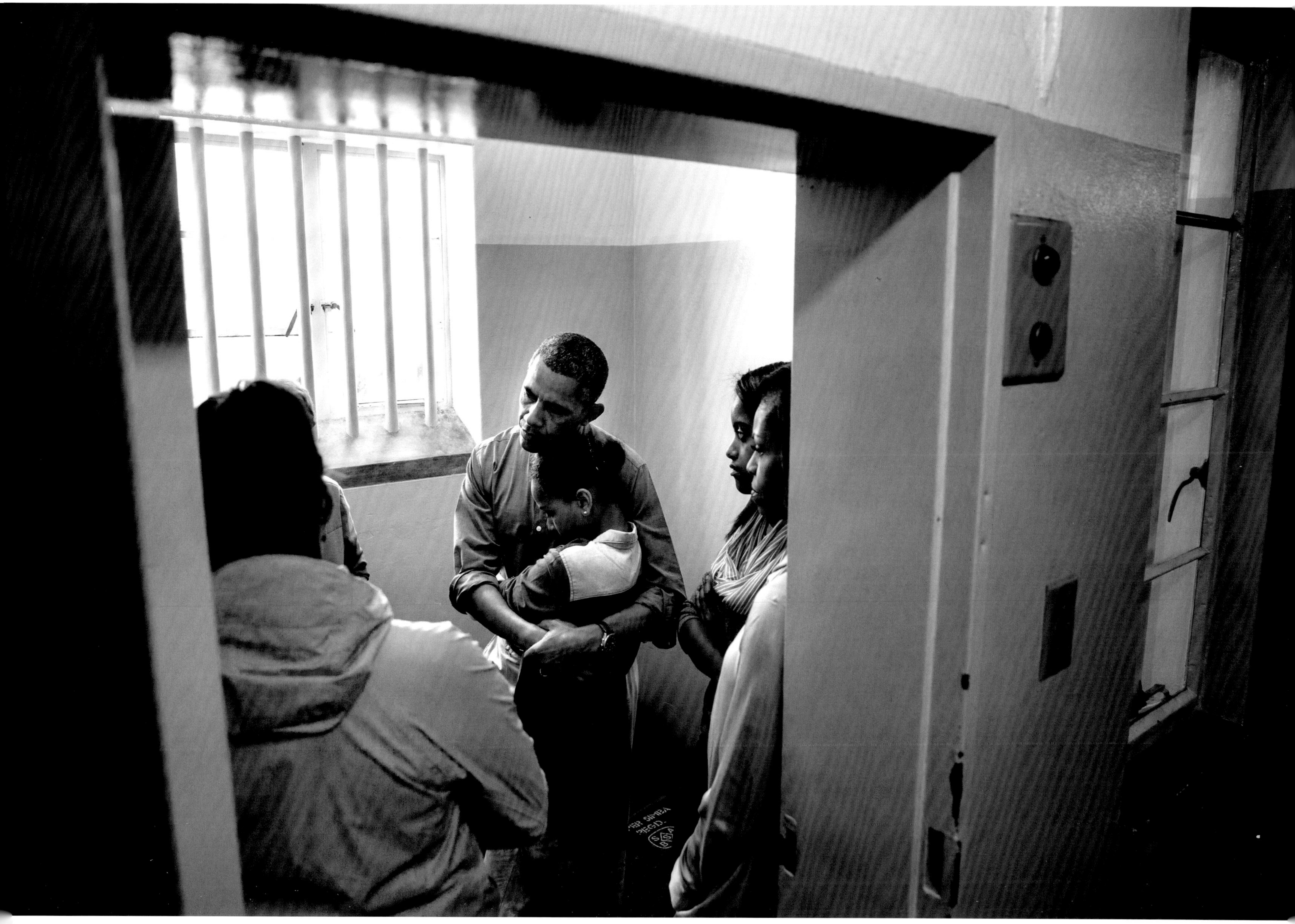

Am Lincoln Memorial mit der First Lady und den ehemaligen Präsidenten Bill Clinton und Jimmy Carter am 50. Jahrestag des historischen Marsches auf Washington für Arbeit und Freiheit und der Rede, bei der Martin Luther King verkündet hatte: »Ich habe einen Traum.«
28. August 2013

Der Präsident informiert sein nationales Sicherheitsteam darüber, dass er nach reiflicher Überlegung beschlossen hat, die geplanten Luftangriffe in Syrien vom Kongress autorisieren zu lassen. Der Kongress verweigerte seine Zustimmung, doch immerhin war die Regierung in der Lage, mit Russland einen Vertrag auszuhandeln, bei dem Syrien versprach, alle chemischen Waffen abzugeben. *30. August 2013*

Nach seiner Rede in der Kansas City Stamping Plant, einer Stanzanlage von Ford in Liberty, Missouri, wird der Präsident in der Kabine eines Pick-up-Trucks von Ford-Mitarbeitern umringt. *20. September 2013*

Auf dem Weg vom Sandwich-Shop Taylor Gourmet zurück zum Weißen Haus. Der Präsident hatte sich bei Taylor Gourmet dafür bedankt, dass sie während des Government Shutdown beurlaubten Angestellten Rabatte gewährt hatten. Er freute sich immer, wenn er dem Weißen Haus kurz entfliehen konnte – den Secret Service machte das eher nervös. Der Präsident prägte für diese Ausflüge den Ausdruck ›Der Bär ist los‹. *4. Oktober 2013*

10

GEDENKFEIER FÜR NELSON MANDELA

WÜRDIGUNG FÜR CORY REMSBURG

BESUCH DES DALAI LAMA

DIE BERÜHMTESTEN OHREN VON WASHINGTON

BEGEGNUNG MIT WLADIMIR PUTIN

LUNCH MIT EINER BRIEFSCHREIBERIN

Die Air Force One in Seattle. *25. November 2013*

Kurz vor seiner Rede bei der Gedenkfeier für Nelson Mandela in Johannesburg, Südafrika. *10. Dezember 2013*

GEGENÜBER: Auf dem Heimweg vom Oval Office mit Stabschef Denis McDonough. *21. Januar 2014*

Der Präsident würdigt bei seiner Ansprache zur Lage der Nation den in Afghanistan schwer verletzten Army Ranger Cory Remsburg. Der Präsident hatte Remsburg bereits vor und nach dessen Verwundung getroffen (siehe Seite 86/87). *28. Januar 2014*

REMSBURG

Beim Staatsbankett für den französischen Präsidenten François Hollande hilft der Präsident der First Lady von der Bühne, nachdem sie den Chefköchen vom Weißen Haus gedankt hat. *11. Februar 2014*

Im Kartenzimmer des
Weißen Hauses empfängt der
Präsident Seine Heiligkeit,
den 14. Dalai Lama.
21. Februar 2014

Diskussion mit Außenminister John Kerry und dem Vizepräsidenten über die Verhandlungen mit dem Iran über dessen Atomanlagen. *12. März 2014*

GEGENÜBER: Auf dem Weg vom Marine One zur Autokolonne in Manila, Philippinen. *28. April 2014*

SOFITEL

Für ein Gruppenfoto mit den Angestellten einer Shake-Shack-Filiale in Washington schwingt sich der Präsident über den Tresen.
16. Mai 2014

Als der Präsident dieses Foto vom Osterfest Im Westflügel hängen sah, sagte er zu mir, dies seien »die vier berühmtesten Ohren von Washington«. Er bat mich um einen Abzug für seine Töchter.
21. April 2014

An Bord vom Marine One mit Kenneth »Rock« Merritt, einem Veteranen des Zweiten Weltkriegs, nach der 70. französisch-amerikanischen Gedenkfeier zum D-Day auf dem amerikanischen Soldatenfriedhof im französischen Colleville-sur-Mer. *6. Juni 2014*

Mit dem russischen Präsidenten Wladimir Putin nach einem Mittagessen mit anderen Staatsoberhäuptern in der Normandie. *6. Juni 2014*

Auf dem Weg zum Arbeitsplatz, während Bo und Sunny darauf warten, dass sich Eichhörnchen blicken lassen. *21. Mai 2014*

Im Bankettsaal des
Weißen Hauses fertigen
Mitarbeiter der Smithsonian
Institution ein 3D-Foto
des Präsidenten an.
9. Juni 2014

Bei einer Veranstaltung in Austin, Texas, bedeutet der Präsident zwei Zwischenrufern, später hinter die Bühne zu kommen, um sich mit ihm über seine Einwanderungspolitik zu unterhalten (oben). Genau das tut er dann auch (unten).
10. Juli 2014

Lunch in Matt's Bar in Minneapolis mit Rebekah Erler, die ihm einen Brief über die akuten Probleme der Mittelschicht geschrieben hatte. Der Präsident blieb die restliche Zeit seiner Präsidentschaft über mit Erler in Kontakt und seine Mitarbeiter luden sie 2017 zu seiner Abschiedsrede ein. *26. Juni 2014*

Umringt von Secret-Service-Agenten betrachtet der Präsident die Golden Gate Bridge, nachdem er per Helikopter in San Francisco eingetroffen ist.
23. Juli 2014

II

DIE EBOLA-EPIDEMIE

50. JAHRESTAG DES BLOODY SUNDAY

GIPFELTREFFEN IN CAMP DAVID

TRAUERREDE FÜR BEAU BIDEN

PRINCE SINGT, DER PRÄSIDENT TANZT

GEMISCHTE GEFÜHLE AN EINEM HISTORISCHEN TAG

Ausarbeitung eines Statements zu den Protesten in Ferguson, Missouri, mit dem stellvertretenden Berater für nationale Sicherheit Ben Rhodes und Generalbundesanwalt Eric Holder während eines Urlaubs auf Martha's Vineyard, Massachusetts. Ein weißer Polizeibeamter hatte Michael Brown erschossen, einen unbewaffneten schwarzen Teenager. Dies ließ den gärenden Rassenkonflikt offen ausbrechen. *14. August 2014*

Grübelnd während einer Diskussion über Technologie im Rosengarten. *8. Oktober 2014*

GEGENÜBER: Der Präsident mit einer Abordnung seiner Schützlinge auf dem Weg zum Basketballplatz nach einem Treffen im Weißen Haus. Er traf sich zu verschiedenen Anlässen mit den jungen Leuten. *14. Oktober 2014*

Treffen am Wochenende im Situation Room, um die aktuelle Reaktion der USA auf die Ebola-Epidemie in Westafrika zu besprechen. *26. Oktober 2014*

Der Präsident umarmt Krankenschwester Nina Pham. Sie hatte sich bei der Pflege eines Patienten in Texas mit dem Ebola-Virus infiziert. Pham war in den National Institutes of Health behandelt und an diesem Tag als geheilt entlassen worden. *24. Oktober 2014*

Der Präsident bringt die politische Aktivistin und Friedensnobelpreisträgerin Aung San Suu Kyi nach einer gemeinsamen Pressekonferenz zurück in ihr Wohnhaus in Yangon, Myanmar. Während ihrer Bemühungen um diplomatische Beziehungen zu den Vereinigten Staaten hatten sich die beiden angefreundet.
14. November 2014

Mit jungen Leuten aus der Bürgerrechtsbewegung, von denen viele an den Protesten in Ferguson, Missouri, teilgenommen hatten.
1. Dezember 2014

Eine flammende Rede zum 50. Jahrestag des Bloody Sunday in Selma, Alabama. *7. März 2015*

GEGENÜBER: Im Gedenken an den Protestmarsch von Selma nach Montgomery schreitet der Präsident zusammen mit seiner Familie, dem Abgeordneten für Georgia, John Lewis, Ex-Präsident George W. Bush und dessen Frau Laura sowie weiteren Würdenträgern über die Edmund Pettus Bridge. *7. März 2015*

EDMUND PETTUS BRIDGE

Rückkehr ins Oval Office nach einem Treffen mit Kongressabgeordneten und anderen Politikern, die das Gesetz H.R. 2 unterstützten, den Medicare Access and CHIP Reauthorization Act of 2015. Das Gesetz sollte die Gesundheitsversorgung für die Jüngsten und Ältesten im Land qualitativ verbessern und bezahlbarer machen. *21. April 2015*

Ein spontanes Treffen mit Beth Cobert, der stellvertretenden Leiterin des Amts für Verwaltung und Haushaltswesen, Valerie Green, der Leiterin des Personals des Präsidenten, und Anita Decker Breckenridge, der stellvertretenden Stabschefin. *19. März 2015*

Der Präsident diskutiert auch dann noch mit der demokratischen Minderheitsführerin Nancy Pelosi, als sie den Raum bereits verlassen hat. *29. April 2015*

Vor einem Gruppenfoto beim Gipfeltreffen des Golf-Kooperationsrats
in Camp David begrüßt der Präsident Sayyid Fahd bin Mahmoud al-Said
aus Oman. *14. Mai 2015*

Mit Ella, der Tochter des stellvertretenden Beraters für nationale Sicherheit, Ben Rhodes. Der Präsident ermunterte seine leitenden Angestellten, ihre Kinder mitzubringen – eine willkommene Ablenkung vom Arbeitsstress. *4. Juni 2015*

Mit dem Vizepräsidenten nach der Trauerrede
des Präsidenten für Beau Biden, Joe Bidens Sohn,
der an einem Hirntumor gestorben war.
6. Juni 2015

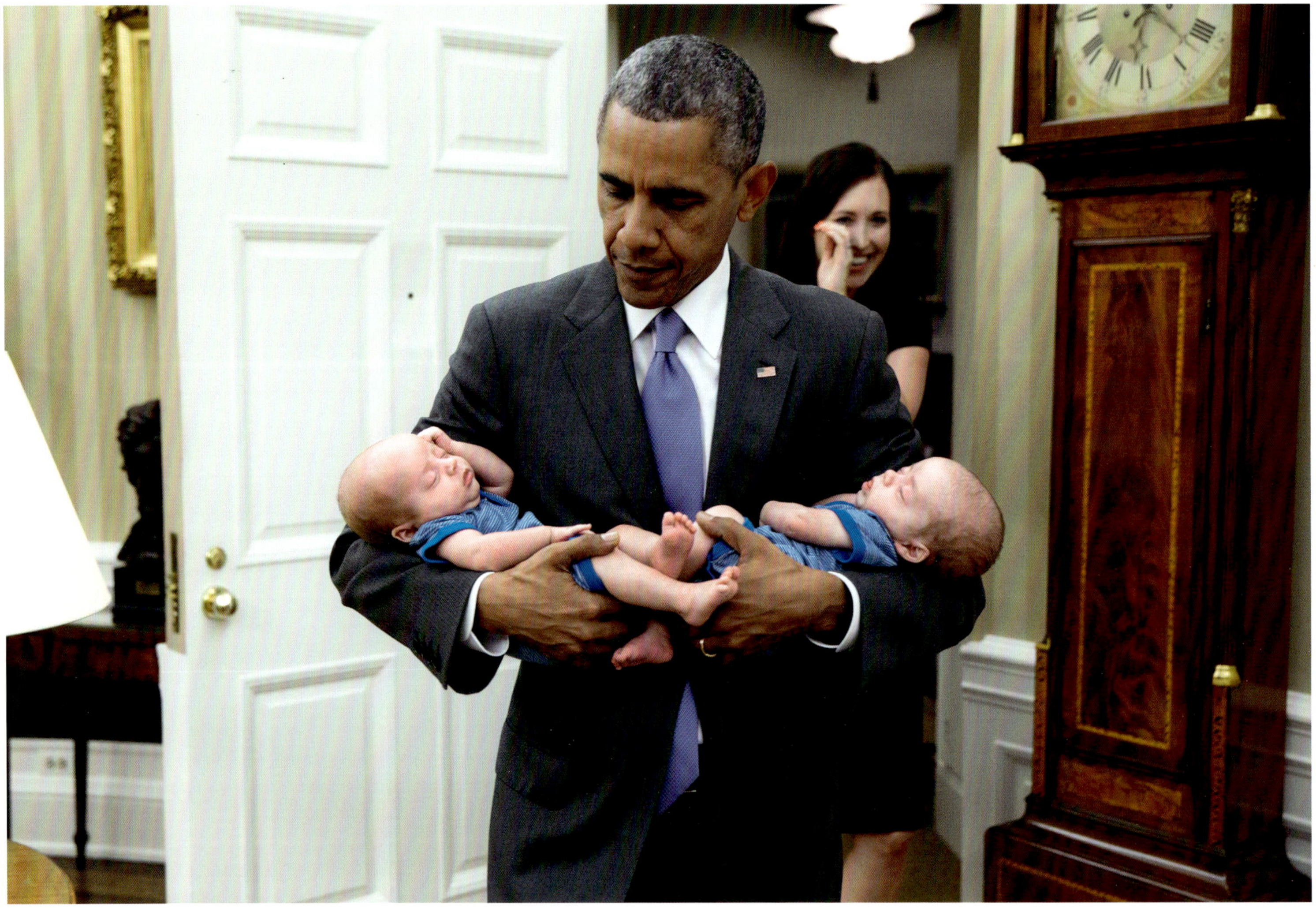

Mit den Zwillingen von Katie Beirne Fallon, der Leiterin für legislative Angelegenheiten. Ein paar Monate zuvor war Katie direkt aus dem Weißen Haus ins Krankenhaus gebracht worden, nachdem ihre Wehen eingesetzt hatten. *17. Juni 2015*

GEGENÜBER: Beim G7-Gipfel auf Schloss Elmau in Oberbayern mit Angela Merkel. Der Präsident und die Bundeskanzlerin bauten während der acht Jahre, in denen sie gleichzeitig im Amt waren, eine enge Beziehung auf. *8. Juni 2015*

Beim Tanzen mit Sasha auf einer Party im Ostsaal. Als Prince auftrat, zog sie ihren Vater kurzerhand mit auf die Bühne. *13. Juni 2015*

Trauerrede für Reverend Clementa Pinckney in Charleston, South Carolina. Pinckney war einer von neun Menschen, die während einer Bibelstunde in der Emanuel African Methodist Episcopal Church erschossen worden waren. Seine Frau und seine zwei Töchter saßen links in der vordersten Reihe. Während seiner Rede sang der Präsident *Amazing Grace*. *26. Juni 2015*

GEGENÜBER: Am selben Abend wird das Weiße Haus in Regenbogenfarben angestrahlt: Der Oberste Gerichtshof hatte das landesweite Recht auf gleichgeschlechtliche Eheschließung bestätigt. *26. Juni 2015*

12

ERSTER PRÄSIDENTENBESUCH IN EINEM BUNDESGEFÄNGNIS

RÜCKKEHR NACH KENIA

OFFIZIELLER STAATSBESUCH VON PAPST FRANZISKUS

FOLGENSCHWERE ENTSCHEIDUNG DES VIZEPRÄSIDENTEN

BESUCH VON ELLA RHODES AN HALLOWEEN

TERRORISMUS IM IN- UND AUSLAND

Der fünfjährige Malik Hall begrüßt den Präsidenten vor dem Abschiedsfoto mit Maliks Onkel Maurice Owens (Mitte) und Familie. *4. September 2015*

221
222
223
208
INTEGRIT
108

OBEN: Begrüßung von Gefängnisinsassen. *16. Juli 2015*

UNTEN: Mit Chefberaterin Valerie Jarrett und dem verantwortlichen Secret-Service-Mitarbeiter, Special Agent Rob Buster, beim Verlassen des Gefängnisses. *16. Juli 2015*

GEGENÜBER: In der Federal Correctional Institution in El Reno, Oklahoma. Obama war der erste US-Präsident, der während seiner Amtszeit ein Bundesgefängnis besuchte. *16. Juli 2015*

Überraschung für die stellvertretende Stabschefin Anita Decker Breckenridge an ihrem Geburtstag. Im Hintergrund: Planungsleiter Chase Cushman. *20. Juli 2015*

GEGENÜBER: Mit Malia bei einer Führung durch das Whitney Museum in New York City. *17. Juli 2015*

Mit dem Ensemble von *Hamilton*, nachdem sich der Präsident zusammen mit seinen Töchtern das Musical in New York City angesehen hat. *18. Juli 2015*

GEGENÜBER: Secret-Service-Agenten halten nach einer Rede des Präsidenten in Nairobi, Kenia, die begeisterte Menschenmenge zurück. Es war der erste Besuch als Präsident im Geburtsland seines Vaters. *26. Juli 2015*

»Sie hat sich einfach gefreut, Sie zu sehen«, sagte eine der Fischerinnen am Kanakanak Beach in Bristol Bay, Alaska, nachdem ein Lachsweibchen auf den Stiefeln des Präsidenten abgelaicht hatte. *2. September 2015*

GEGENÜBER: Im Nationalpark Kenai Fjords in Alaska. Auf der Reise ging es vor allem um die Auswirkungen des Klimawandels auf die Region. *1. September 2015*

Mit Papst Franziskus im Säulengang auf dem Weg zu einem Meeting im Oval Office. Es war die erste Reise des Papstes in die Vereinigten Staaten. *23. September 2015*

GEGENÜBER: Zuvor der feierliche Empfang von Papst Franziskus auf dem Südrasen. Ich hatte zu diesem Anlass eine Kamera mit Fernbedienung auf dem Truman-Balkon installiert. *23. September 2015*

Am Nordportal kurz vor
der Ankunft des chinesischen
Präsidenten Xi Jinping und
seiner Frau Peng Liyuan.
25. September 2015

Mit Präsident Xi auf dem Truman-Balkon vor dem offiziellen Staatsbankett. *25. September 2015*

Im Gespräch mit dem ukrainischen Präsidenten Petro Poroschenko
bei den Vereinten Nationen in New York. *28. September 2015*

Mit dem irakischen Ministerpräsidenten Haider al-Abadi im Hauptquartier der UNO. Der Präsident hatte zuvor die Delegationen beider Länder gebeten, den Raum zu verlassen, um ein privates Gespräch mit al-Abadi führen zu können. *29. September 2015*

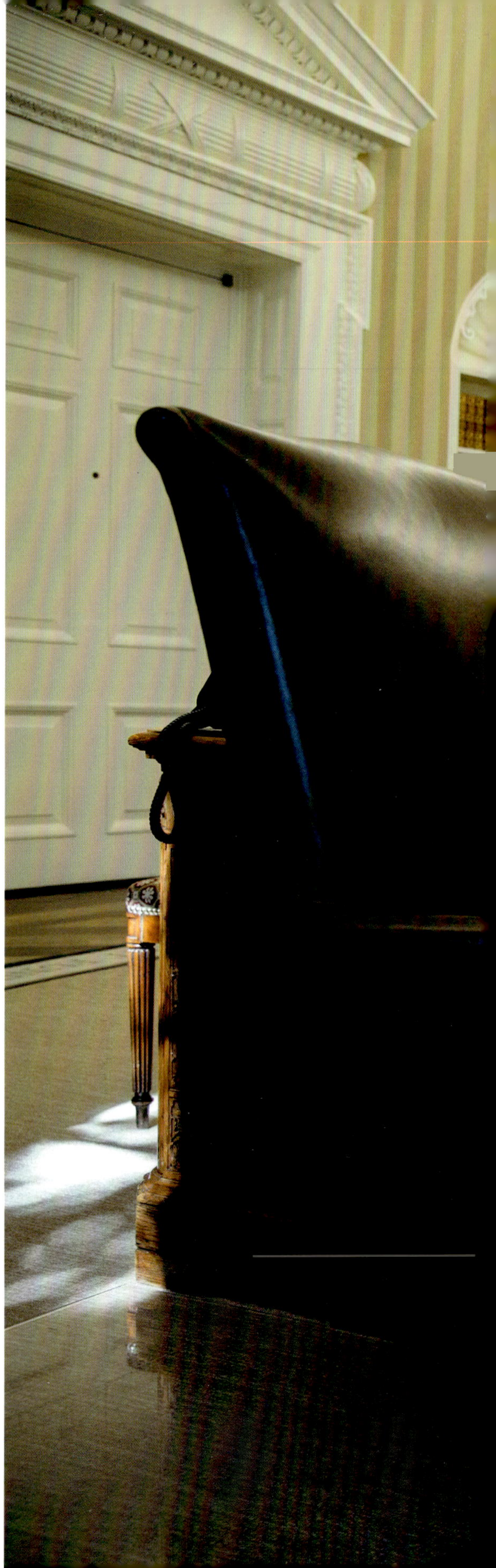

Der Präsident hilft dem Vizepräsidenten bei der Überarbeitung der Ansprache, mit der er verkünden wird, sich nicht um das Amt des Präsidenten zu bewerben. *21. Oktober 2015*

Mit einem syrischen Flüchtlingsmädchen in einem Klassenzimmer der Dignity for Children Foundation in Kuala Lumpur, Malaysia. *21. November 2015*

GEGENÜBER: An Halloween mit der als Elefant verkleideten Ella Rhodes. *30. Oktober 2015*

Mit dem französischen Präsidenten François Hollande und der Pariser Bürgermeisterin Anne Hidalgo kurz nach Mitternacht vor dem Bataclan-Theater in Paris, in dem zwei Wochen zuvor ein Terroranschlag verübt worden war. *30. November 2015*

Der Präsident bespricht mit FBI-Direktor James Comey und Generalbundesanwältin Loretta Lynch den Massenmord im kalifornischen San Bernardino. Es war der tödlichste Terroranschlag in den Vereinigten Staaten seit 9/11. Ein Ehepaar, das vom FBI als »einheimische gewalttätige Extremisten« bezeichnet wurde, hatte im Inland Regional Center in San Bernardino 14 Menschen getötet und 22 weitere schwer verletzt. *3. Dezember 2015*

13

WAHRE WORTE

»DU MUSST GROSSE TRÄUME HABEN!«

FESTLICH GEKLEIDETE TÖCHTER BEIM STAATSBANKETT

HISTORISCHE REISE NACH KUBA

YOSEMITE IN NATURA UND IN DER VIRTUELLEN REALITÄT

KRÄFTEMESSEN MIT SUPERMAN

Im Weißen Haus, kurz vor der Verkündigung von Maßnahmen zur Eindämmung von Waffengewalt. Vor dem Präsidenten sprach Mark Barden, dessen jüngster Sohn Daniel 2012 in der Sandy Hook Elementary School in Newtown, Connecticut, erschossen worden war. Als der Präsident später in seiner Rede über den Amoklauf spracht, kamen ihm die Tränen. *5. Januar 2016*

Eine Tafel auf dem Resolute Desk, die David Axelrod dem Präsidenten überreicht hatte. Als es darum gegangen war, die Gesundheitsreform umzusetzen, hatte Axelrod diesen Sinnspruch ein ums andere Mal zitiert. *29. Januar 2016*

GEGENÜBER: Der Präsident fasst für seinen Redenschreiber Cody Keenan (mit Laptop) und den stellvertretenden Berater für nationale Sicherheit Ben Rhodes die wichtigsten Punkte seiner anstehenden Ansprache zur Lage der Nation zusammen. *7. Januar 2016*

Bei den Dreharbeiten zu einem Werbefilm für das Programm *My Brother's Keeper* schiebt NBA-Star Steph Curry aus Spaß seinen Mundschutz heraus. *4. Februar 2016*

Eine spontane Kurzpartie Golf in Straßenkleidung mit den Mitarbeitern Joe Paulsen und Marvin Nicholson nach dem US-ASEAN-Gipfel auf dem Sunnylands-Anwesen in Rancho Mirage, Kalifornien. *16. Februar 2016*

»DU MUSST GROSSE TRÄUME HABEN!«

Es war ein routinemäßiger Empfang im Rahmen des African American History Month. Der Präsident hatte während seiner zwei Amtszeiten Dutzende solcher Empfänge im Ostsaal absolviert, und nur selten war dabei ein gutes Foto entstanden. Doch irgendwie ahnte ich, dass der Präsident den dreijährigen Clark Reynolds aus Washington begrüßen würde, und ich kniete mich hin, um die Begegnung der beiden festzuhalten. Es wurde eines meiner Lieblingsfotos von Obamas Präsidentschaft – dabei ist er darauf selbst kaum zu sehen.

Direkt nachdem ich diese Aufnahme gemacht hatte, beugte sich der Präsident herunter, um mit dem Jungen zu sprechen. Wie das Foto mit dem kleinen Jacob Philadelphia, der den Präsidenten am Kopf anfasst (Seite 39), sorgte auch dieses Bild für sehr emotionale Reaktionen, nachdem wir es auf die Webseite des Weißen Hauses gestellt hatten. Wir ließen für Clark später einen großen Abzug anfertigen, und der Präsident schrieb darauf: »Du musst große Träume haben und hart daran arbeiten, sie zu verwirklichen – dann wirst du ganz viel erreichen!« *18. Februar 2016*

Vor einer Telefonkonferenz mit europäischen Staatschefs hört der Präsident seinem Team für nationale Sicherheit zu. Mir gefällt dieses Foto vor allem deshalb, weil es verdeutlicht, wie zwanglos und aufmerksam zugleich er war, wenn er sich mit seinen Mitarbeitern unterhielt. *23. Februar 2016*

Mit dem kanadischen Premierminister Justin Trudeau im Lincoln Bedroom in der Privatwohnung des Präsidenten. *10. März 2016*

GEGENÜBER: Malia und Sasha mit ihren Eltern, Premierminister Trudeau und dessen Frau Sophie vor einem Staatsbankett im Weißen Haus. Es war das erste Staatsbankett, bei dem die Mädchen als Gäste dabei waren. *10. März 2016*

Seit 2012 bekam der Präsident seine tägliche Zusammenfassung geheimdienstlicher Informationen nicht mehr als dicken Ordner auf den Tisch, sondern auf einem gesicherten iPad. Um eben diese Informationen ging es bei jedem ersten Meeting des Tages. *16. März 2016*

GEGENÜBER: Mit seiner persönlichen Sekretärin Ferial Govashiri beim Übungstanz für ihre anstehende Hochzeit. *16. März 2016*

Gespräch mit einem Restaurantbetreiber in Havanna, Kuba, bei dem Malia sich als Spanisch-Dolmetscherin betätigt. *20. März 2016*

GEGENÜBER: Mit dem kubanischen Präsidenten Raúl Castro während eines Baseball-Freundschaftsspiels zwischen den Tampa Bay Rays und der kubanischen Nationalmannschaft in Havanna. Präsident Obama und sein Team hatten geheime Verhandlungen mit Kuba geführt, um die Beziehungen der beiden Länder zu normalisieren und die 54-jährige Eiszeit zu beenden. *22. März 2016*

Die Air Force One in der Abenddämmerung am
Los Angeles International Airport.
7. April 2016

Als Vorsitzender des vierten Nuklearen Sicherheitsgipfels in Washington.
1. April 2016

Mit dem saudischen König Salman im Erga-Palast in Riad.
20. April 2016

Ein Treffen mit Prinz George im Londoner Kensington-Palast.
22. April 2016

Der Nighthawk 2 landet vor dem Half Dome im kalifornischen Yosemite-Nationalpark.
17. Juni 2016

GEGENÜBER: Die Kunstflugstaffel Thunderbirds bei der Verabschiedung der Absolventen der Air Force Academy in Colorado Springs. Der Präsident besuchte jedes Jahr die Abschlussfeier einer anderen Militärakademie. *2. Juni 2016*

Maelin Axelrod, die Enkelin des ehemaligen Chefberaters David Axelrod, hat den Stuhl des Vizepräsidenten erklommen und beäugt den Präsidenten kritisch. *22. Juni 2016*

GEGENÜBER: Staatsbankett im Ostsaal zu Ehren des Premierministers von Singapur, Lee Hsien Loong. *2. August 2016*

Der Präsident staunt über einen Virtual-Reality-Film von seiner Reise zum Yosemite-Nationalpark zwei Monate zuvor. Seine Sekretärin Ferial Govashiri lässt sich davon nicht stören.
24. August 2016

Ausgelassene Stimmung: mit dem neuseeländischen Premierminister John Key und dem australischen Premierminister Malcolm Turnbull beim ASEAN-Galadinner in Vientiane, Laos. *7. September 2016*

GEGENÜBER: Ein Schluck aus der Kokosnuss an einem Stand am Ufer des Mekong in Luang Prabang, Laos. *7. September 2016*

Bei der Einweihung des Smithsonian National Museum of African American History and Culture bittet Ex-Präsident George W. Bush Präsident Obama, ein Foto von ihm mit der Familie Bonner zu schießen. Deren Vorfahr Elijah B. Odom war es gelungen, der Sklaverei in den Südstaaten zu entkommen. *24. September 2016*

Kräftemessen mit Superman (alias Walker Earnest, Sohn von Pressesprecher Josh Earnest) an Halloween. *31. Oktober 2016*

Am Resolute Desk beim Lesen. Im Herbst und im Winter war der Schreibtisch des Präsidenten nachmittags in dramatisches Licht getaucht. In den letzten Monaten seiner zweiten Amtszeit versuchte ich, den Präsidenten in diesem besonderen Licht festzuhalten, weil ich wusste, dass ich dazu nie wieder Gelegenheit haben würde. *14. Oktober 2016*

14

DER LETZTE WAHLKAMPF

TROST FÜR DIE MITARBEITER NACH DER WAHL

EIN BESUCH VON TRUMP UND EIN JUNGER BRIEFSCHREIBER

EHREN FÜR BRUCE UND MICHAEL

EIN SCHNEEMANN VORM FENSTER

ABSCHIED

Auf Wahlkampftour für Hillary Clinton in Ann Arbor, Michigan, am Tag vor der Präsidentschaftswahl 2016. *7. November 2016*

Optimistische Gesichter: mit Hillary Clinton und Ex-Präsident Bill Clinton am Vorabend der Wahl in Philadelphia. *7. November 2016*

GEGENÜBER: Nach einer Wahlkampfveranstaltung für Hillary in Charlotte, North Carolina, besteigt der Präsident die Air Force One. *4. November 2016*

Am Wahltag im Weißen Haus. Der Leiter des Amtes für politische Strategie, David Simas, zeigt dem Präsidenten erste Umfrageergebnisse. *8. November 2016*

GEGENÜBER: Am Morgen nach der Wahl bat der Präsident Presseprecher Josh Earnest und sein Team zu sich, um die Pressekonferenz am Nachmittag zu besprechen. Er erwartete nur ein paar Leute, doch Josh hatte sämtliche Mitarbeiter aus den Abteilungen Kommunikation, Forschung und Reden dabei. Aus dem Treffen wurde ein improvisierter Vortrag, mit dem der Präsident seinen Stab nach dem Verlust der Demokraten wieder motivierte. *9. November 2016*

Der Präsident zeigt seinem gewählten Nachfolger Donald Trump das private Arbeitszimmer neben dem Oval Office. *10. November 2016*

Besuch des sechsjährigen Alex Myteberi und seiner Familie. Alex hatte ein herzzerreißendes Foto eines blutenden und mit Staub bedeckten syrischen Jungen namens Omran Daqneesh gesehen, der einen Luftangriff überlebt hatte, und dann dem Präsidenten geschrieben: »Können Sie ihn bitte holen und zu mir nach Hause bringen? ... Wir geben ihm eine Familie, und er ist dann unser Bruder.« *10. November 2016*

Der Präsident gratuliert Bruce Springsteen, bevor er ihm die Presidential Medal of Freedom überreicht.
22. November 2016

Auge in Auge mit
Michael Jordan,
bevor dieser die
Presidential Medal
of Freedom erhält.
22. November 2016

Ein letzter Toast beim Weihnachtsdinner mit den leitenden Mitarbeitern im Ostsaal. Der Präsident zeigte seine emotionale Seite, als er einen neuen Brief von Rebekah Erler (Seite 243) vorlas, die ihm und seiner Regierungsmannschaft dafür dankte, was sie alles für die Mittelschicht getan hatten. *5. Dezember 2016*

Unter den wachsamen Augen eines Schneemanns unterzeichnet der Präsident mehrere Gesetzesentwürfe. Seine Mitarbeiter hatten sich einen vorweihnachtlichen Scherz erlaubt und vier Schneemänner aus dem Rosengarten so vor dem Oval Office aufgebaut, dass sie durch die Fenster hereinschauten. *16. Dezember 2016*

Mit Vizepräsident Joe Biden, Dr. Jill Biden, Malia und der First Lady nach seiner letzten Rede in Chicago. Sasha war in Washington geblieben, um für eine Prüfung zu lernen. *10. Januar 2017*

GEGENÜBER: Mit Tränen in den Augen bei einer militärischen Abschiedszeremonie in Fort Myer, Virginia. *4. Januar 2017*

DIE LETZTEN TAGE

Die letzten zwei Wochen der Amtszeit des Präsidenten vergingen wie im Flug. Er hielt in Chicago eine Abschiedsrede, wurde in Fort Myer vom Militär verabschiedet und empfing die Chicago Cubs, die die World Series gewonnen hatten.

Es gelang dem Präsidenten, Joe Biden mit der Presidential Medal of Freedom zu überraschen – der Vizepräsident hatte geglaubt, es sei ein ganz normaler Empfang für seine Familie. Am selben Abend gab Bruce Springsteen im Ostsaal für diejenigen von uns, die die gesamten acht Jahre im Weißen Haus gewesen waren, ein Solokonzert.

Und dann kam der letzte Tag der Regierung Obama. Da ich wusste, wie schwierig es ist, am Tag der Amtseinführung eines neuen Präsidenten zum Weißen Haus zu gelangen, übernachtete ich im Büro von Josh Earnest – da gab es ein bequemes Sofa.

Um ein möglichst symbolträchtiges Foto davon zu schießen, wie der Präsident endgültig das Oval Office verlässt, brachte ich am Morgen des 20. Januar eine drei Meter lange Leiter mit und fotografierte mit einem Superweitwinkel-Objektiv, wie er in den Säulengang hinausging. Bei einem Empfang auf dem State Floor begrüßten er und die First Lady anschließend den designierten Präsidenten und dessen Ehefrau, und dann ging es zum Kapitol zur Vereidigung.

Ich hatte dafür gesorgt, dass ich mit im Hubschrauber sitzen durfte, als wir die Amtseinführungsfeier verließen, denn ich wollte den Präsidenten fotografieren, wie er während des Flugs das Kapitol betrachtete. Das klappte leider nicht, aber immerhin gelang mir eine Aufnahme, während wir ein letztes Mal über seinen ehemaligen Wohnsitz flogen – das Weiße Haus. (Fotos bis Seite 347)

Überraschung für den Vizepräsidenten: die Presidential Medal of Freedom mit Auszeichnung. »Was Joe Biden ausmacht«, sagte der Präsident, »das sind Zuneigung ohne Vorbehalt, Pflichtbewusstsein ohne Egoismus und ein reiches Leben.« *12. Januar 2017*

Mit dem Baseballteam Chicago Cubs, das 2016 die World Series gewonnen hatte. Die First Lady hält eine emotionale Ansprache und erzählt den Spielern, was das Team für Chicago und für ihre Familie bedeutet. Als kleines Mädchen hatte sie oft bei ihrem Vater auf dem Schoß gesessen, wenn er sich im Fernsehen ein Spiel der Cubs anschaut hatte. *16. Januar 2017*

SPALDING
THE WHITE HOUSE
WASHINGTON

Die meisten Mitarbeiter von Obama hatten sich bereits zu Beginn der Woche verabschiedet. An seinem letzten Abend im Weißen Haus lud der Präsident alle, die noch vor Ort waren, in seine Privatwohnung ein. Die meisten hatten noch nie auf dem Truman-Balkon gestanden. *9. Januar 2017*

GEGENÜBER: Am Nachmittag beim Basketball mit Stabschef Denis McDonough während ihres letzten gemeinsamen Spaziergangs auf dem Südrasen des Weißen Hauses. *19. Januar 2017*

Barack Obama verlässt
das Oval Office zum
letzten Mal als Präsident.
20. Januar 2017, 9:14 Uhr

THE WELFARE OF EACH OF US IS DEPENDENT FUNDAMENTALLY UPON THE WELFARE OF ALL OF US
THE ONLY THING WE HAVE TO
DESTINY IS BEYOND HUMAN BEINGS

Abschied von Von Everett, Butler des Weißen Hauses.
20. Januar 2017, 10:15 Uhr

Abschied von Präsident Donald Trump und First Lady Melania Trump nach der Amtseinführungszeremonie am Kapitol. *20. Januar 2017, 12:40 Uhr*

Vor dem Kapitol besteigt Obama den Helikopter, der heute Executive One heißt. *20. Januar 2017, 12:41 Uhr*

GEGENÜBER: Beim Flug über das Weiße Haus sagte er: »Da haben wir mal gewohnt.« *20. Januar 2017, 12:46 Uhr*

FÜR PATTI

DANKSAGUNG

Zuerst und vor allem danke ich Barack Obama für sein Vertrauen und dafür, dass er es mir ermöglichte, seine Regierungszeit für die Geschichte visuell zu dokumentieren. Während dieser langen Zeit ist zwischen ihm und mir eine enge Freundschaft entstanden. Dafür danke ich Ihnen, Mister President. Irgendwann werde ich Sie im Scrabble doch noch schlagen.

Ich danke Michelle Obama für ihre Unterstützung. Sie war eine großartige First Lady mit Stil und Köpfchen. Auch Malia und Sasha danke ich: Ich bin so stolz darauf, wie ihr euch verhalten habt, wenn die Augen der ganzen Welt auf euch gerichtet waren.

Die vielen Menschen, mit denen ich im Weißen Haus und auf Reisen zusammengearbeitet habe, dienten ihrem Land aufopferungsvoll und professionell. Bei meiner Arbeit haben mir die Mitarbeiter des Weißen Hauses sehr geholfen, die ums Weiße Haus tätigen Angehörigen des Militärs, das Protokollbüro des Außenministeriums und der Secret Service. Vielen Dank.

Ich danke meiner Arbeitsfamilie im Vorzimmer des Oval Office: Brian Mosteller, Anita Decker Breckenridge, Ferial Govashiri, Reggie Love, Katie Johnson, Joe Paulsen, Marvin Nicholson, mit dem ich Tausende Partien Spades gespielt habe, und Bobby Schmuck, einem Ehrenmitglied des Vorzimmers.

Im Photo Office haben viele brillante Profis alles gegeben: Janet Philips, Chuck Kennedy, Lawrence Jackson, Rick McKay, Jenn Poggi, Alice Gabriner, Katie Bradley Waldo, Al Anderson, Tim Harville, Amanda Lucidon, Samantha Appleton, Sonya Hebert, Anna Ruch, Shelby Leeman, Jared Ragland, Amy Rossetti, Jim Preston, Kim Hubbard, Phaedra Singelis, Keegan Barber und Nora Becker. Einige hatten unter Bush begonnen und blieben 2009 noch ein paar Monate dabei: Joyce Boghosian, Sandra Eisert, Dan Hansen und Nikki Brooks.

Mein Dank gilt auch Vizepräsident Joe Biden und seinem Fotografen David Lienemann, der offiziell für mich arbeitete, sich aber jeden Tag auf eigene Faust durchkämpfte. Ihm halfen Chris Mackler und Jordan Brooks. Melissa Winter vom Büro der First Lady war acht Jahre lang eine gute Freundin für mich – und wie ich ein großer Springsteen-Fan.

Die Stabschefs des Präsidenten und die Berater für nationale Sicherheit wussten um die historische Bedeutung meiner Arbeit. Mein besonderer Dank gilt Denis McDonough, wofür im Einzelnen kann ich gar nicht aufzählen.

Robert Gibbs hatte mir Zugang zu Barack Obama verschafft, als dieser noch Senator war, und er blieb mein wichtigster Fürsprecher. Auch Marty Nesbitt, Valerie Jarrett, Sam Kass und Campathalons danke ich für ihre Unterstützung.

Ich danke Brandi Carlile für ihre Freundschaft, ihre Unterstützung, ihren Aktivismus und vor allem für die inspirierende Musik, die sie mit ihren Geschwistern macht.

Meinem Agenten David Black danke ich für seine Unterstützung und seine vielen weisen Worte. Er hat sich mehr als sonst irgendjemand darum gekümmert, dass dieser Bildband so schön geworden ist, wie ich es mir gewünscht hatte. Mein Dank geht an das ganze Team der David Black Agency, vor allem an Jenny Herrera und Susan Raihofer.

Beim Verlagshaus Little, Brown und Company hatte ich das große Glück, mit Lektor Mike Szczerban zusammenzuarbeiten. Er hat viel dafür getan, das Buch zu produzieren, das wir beide wollten. Ich danke dem Verleger Reagan Arthur und allen Mitarbeiterinnen und Mitarbeitern von LB – sie standen geschlossen hinter dem Projekt. Insbesondere danke ich Nicky Guerreiro, Lisa Ferris und Ben Allen.

Mit Yo Cuomo von Yolanda Cuomo Design zusammenzuarbeiten, war eine wahre Freude. Sie half mir, das Buch, das ich im Kopf hatte, tatsächlich auf Papier zu bannen. Ich werde es vermissen, Zeit bei ihr zu verbringen. Des Weiteren danke ich ihrem Team, Bonnie Briant und Bobbie Richardson, und für interessante fachliche Einblicke Jonno Rattman.

Ich danke Nancy Freeman und Zeno Ferrandini bei Verona Libri.

Dank an Jenn Poggi und Alice Gabriner für ihre Ratschläge zu Struktur und Bildauswahl. Ich danke Shelby Leeman für die fachmännische Aufbereitung der Fotodateien.

Ich danke meiner Mutter und meinem verstorbenen Vater, denen es gelungen ist, ihre Arbeitsmoral an mich weiterzugeben. Ich danke meinen Schwestern Jane und Amy für ihre Unterstützung und dafür, dass sie sich die letzten acht Jahre um Mutter gekümmert haben. Und ich danke meiner eigenen Familie: Xan und Callie, habt Dank dafür, dass ihr mich in allem, was ich tue, unterstützt und ermutigt. Ich bin stolz auf euch. Ihr seid beide zu ganz außergewöhnlichen Menschen mit einem guten Herzen herangewachsen.

Meiner Ehefrau Patti: Du hast mich und meine Arbeit immer unterstützt, selbst wenn es bedeutete, dass ich Wochenenden, Urlaubsreisen, Geburtstage und Feiertage verpasste. Ich kann dir nicht genug danken. Ich verspreche dir, dass ich dieses Jahr zu Weihnachten bei dir bin und freue mich auf entspannte Tage am See – im nächsten Sommer und in den vielen Sommern, die noch kommen.

Foto: Barack Obama

PETE SOUZA war unter Präsident Barack Obama Cheffotograf des Weißen Hauses und Leiter des White House Photo Office. Zuvor war Souza als Dozent für Fotojournalismus an der Ohio University tätig und als Fotograf für die *Chicago Tribune*. Er arbeitete als Freelancer für *National Geographic* und war bereits unter Präsident Ronald Reagan offizieller Fotograf im Weißen Haus. Zu seinen bisherigen Veröffentlichungen zählt der New-York-Times-Bestseller *The Rise of Barack Obama*, der den kometenhaften Aufstieg des Präsidenten von seinem ersten Tag im US-Senat bis zur Vorwahl in Pennsylvania im Jahr 2008 dokumentiert. Heute ist Souza freischaffender Fotograf mit Wohnsitz in Washington, D.C.

Projektleitung Verlag: Curt Holtz, Stella Sämann
Übersetzung ins Deutsche: Cornelius Hartz
Lektorat: Isabelle Erler
Buch- und Covergestaltung: Yolanda Cuomo Design, New York
Satz: textum GmbH, München
Herstellung: Corinna Pickart
Druck und Bindung: Longo AG, Bolzano

FSC® www.fsc.org
MIX
Papier aus verantwortungsvollen Quellen
FSC® C023164

Verlagsgruppe Random House FSC® N001967

Printed in Italy

ISBN 978-3-7913-8433-7

www.prestel.de